ビッグ・ファット・キャットの
世界一簡単な英語の大百科事典

スタジオ・エトセトラ 編集
向山貴彦(文)
たかしまてつを(絵)
向山淳子(監修)

幻冬舎

ひみつを教えましょう。

日本人はみんな、子供の頃から英語に親しんでいます。よほど英語が苦手な人でも、アルファベットはもちろん、身近なもののほとんどを英語で言うことができます。

　ドア、タオル、スプーンなどの日用品に始まり、サラダ、クッキー、ステーキといった食べ物の名前、さらにはデザイン、センス、コミュニケーションといったかなり難しい言葉まで、毎日の生活の中で普通に使っています。

　そのくらいは当たり前だと思うかもしれませんが、とんでもありません。英語以外の言葉で、これらの単語がひとつでも言えるかどうか考えてみると、すぐに分かります。

　これは結構すごいことなんです。

　英語でしか名前が言えないものも日常の中に色々あります。軽く部屋を見回しただけでも、「カーテン」や「ソファ」など、日本語では名前が出てこないものがすぐ目に付きます。「ドア」にしたって、「戸」という日本語を知っていても、まずそれを使うことはありません。みんな英語で「ドア」と言います。

　日本の町には英語が溢れています。どこに行っても、ひとつぐらい英語が目に入ります。看板にも、ポスターにも、注意書きにも、みんな英語が載っています。

　これだけでも凄まじい量なのに、その上、義務教育で最低三年間、英語の基礎を習います。ほかの言語なら、これはもうかなりの上級者と言えるレベルです。英語はみんなが詳しいから、ついその中では自分は英語ができない方だと考えてしまいがちです。しかし、一番英語を知らない日本人でも、思っているよりずっと多くの

英語の知識を持っています。——問題は、それが未完成のパズルの
ピースのように、バラバラに頭の中にあることです。

　パズルは普通、箱に入っています。その箱に見本になる絵が付い
ていて、それと見比べながら組み立てていくものです。しかし、日
常の中や、学校の授業、あっちこっちの看板やポスターでバラバラ
に集めたパズルのピースには箱が付いてきません。見本の絵がない
パズルは、組み立てるのが大変です。

　学校の英語の授業では、見本の箱の代わりに、組み立てるための
設計図を渡されます。「文法」という難しい設計図です。確かにそ
れでもパズルを組み立てることは可能ですが、見本の箱があった方
がずっと楽です。

　見本の箱は、簡単に手に入ります。

　参考書の例文や、試験の問題などではない、本当の英語を読めば
いいだけです。どんなものでも構いません。雑誌でも、小説でも、
コミックでも、好きなものを読むだけで十分です。そこには完成し
たパズルの見本が、きれいな形で載っています。

　勉強する必要も覚える必要もありません。一冊でも二冊でも、楽
しんで読むだけでいいのです。それで自然に「見本の絵」が頭の中
にできあがります。

　何年英語に触れていても、この完成した形を見ることなく、設計
図だけで英語を組み立てようとしているのなら、それは至難の業で
す。設計図を隅から隅まで研究するより、完成品を数日眺めた方
が、ピースの組み立ては自然に始まります。

　でも、英語ができないのに、読むなんて無理——と思いますか？

そんなことはありません。英語が難しいのは、読み、聞き、書き、話すことを同時にしようとするからです。読むだけなら、動詞の変化も、単語の綴りも、難解な文法も覚える必要はありません。ある程度日常の単語を知っていれば、ほんの少しのルールとコツだけで、すぐに読み始めることができます。

　読めば読むほど、頭の中でパズルのピースがどんどんはまっていきます。カチッとはまった時の感覚は爽快です。どこにもはまらないと思っていたピースがはまった時などは、胸の奥から感動がこみ上げてきます。

　そうしてパズルのピースをたくさんはめ込んでいくと、ある時、ふいに英語を「分かる！」と感じる瞬間がやってきます。英語ができるようになった人が、みんな経験している感動的な一瞬です。

　その時、今までよりも世界が広がって見えます。読めなかったものが読めるようになり、話せなかった人と話せるようになります。自分が行けると思っていなかった場所に、いつの間にか立っていることに気が付きます。

　もし「自分に英語ができる日はこない」と思っているとしたら──断言します。必ずその日はやってきます。誰でも作りかけのパズルを頭の中に持っています。それを組み立てれば、英語はできます。

　組み立てるには、英語を読むことです。

　頭の中にごちゃ混ぜに保存されている無数のパズルのピースは、とてつもない可能性を秘めています。何歳であっても、早すぎることも、遅すぎることもありません。

組み立ててみてください。
英語が分かるようになる瞬間は、決して遠いものではありません。
ドアをひとつ開けた、すぐそこにあります。

そのドアを開けてください。
まったく新しい英語の世界が始まります。

ビッグ・ファット・キャットの
世界一簡単な英語の大百科事典

この本のなかみ

英語の大百科事典
頭の中に散らばった英語のピースをひとつにする事典です。たくさんのイラストで、分かりやすく英語の仕組みを解説しています。

英語の物語
解説が終わったら、さっそく英語を読んでみましょう。ぴったりの難易度の本が丸ごと一冊付いています。

ブックガイド
付属の物語を読み終えたら……あるいは別の本を読みたくなったら……そんな時に役立つ、難易度別の英語のブックガイド。

矢印辞典
すべてを読み終えた人のための大きなおまけ。単語のイメージをイラストで説明する、ちょっと不思議な辞典です。

ビッグ・ファット・キャットの
世界一簡単な英語の大百科事典

contents

まえがき	**区切って絵にする**	11
第一章	**箱と矢印**	17
	story 1 "The Cat and the Baker"	31
第二章	**付録と化粧品**	35
第三章	**七つの小道具**	47
第四章	**重なる箱**	65
	story 2 "A Dark and Lonely Night"	74
第五章	**変化の目印**	79
	story 3 "A Day at the Lake"	88
第六章	**回想文**	97
	story 4 "Ed's Archnemesis"	106
第七章	**空想文**	111
	story 5 "Fight for the Future"	122
第八章	**最後のひみつ**	123
	story 6 "A Pie for the Cat"	132
	story 7 "Through the Cat Door"	134
あとがき	**矢印の向こう**	141

Big Fat Cat AND THE LOST PROMISE	147
三色辞典＆解説	185
ビッグ・ファット・キャットの英語のブックガイド	205
矢印辞典	221

まえがき
区切って絵にする

英語を学ぶにも、
方法は色々あります。

学校に行くこと。
参考書を読むこと。
留学すること。

でも、一番分かりやすいのはきっと
英語ができる人の頭の中を
覗いてみることです。

英語を使っている人の頭の中は、驚くほどシンプルにできています。

例えば、ここにパイ職人のエドがいます。彼はアメリカ人です。彼にこんな英語の文を見せてみましょう。

The cat scratched Ed.
　　　　　　ひっかく

エドがこの文を見ると、まず先頭の The cat から、頭の中にポン！ と猫の絵が浮かんできます。

The cat scratched Ed.

次に scratched を見て、猫がシャッと「ひっかく」動作を思い浮かべます。

The cat scratched Ed.

さらに Ed を見て、ひっかいた相手を想像します。この場合はエド自身です。

The cat scratched Ed.

エドの頭の中で起きているのは、これだけです。英語に慣れた人は、すべての単語になんらかの「イメージ」を持っています。そのイメージを次々に思い浮かべていくのが英語を読むということです。
　イメージは、ひとつの単語を色々な状況で見ることで、自然に頭の中に育った「絵」です。scratchという単語も、エドは辞書で調べて「ひっかく」と覚えたわけではありません。
　こんな状況や……

scratch

こんな状況や……

scratch

こんな状況で……

scratch

　……scratchが使われるのを見ているうちに、言葉のイメージができただけです。

scratch

　だから、この文を見ると、エドの頭の中には自動的にこんな絵が浮かびます。

The cat scratched Ed.

　英語の文章は一文一文がこうした一枚の絵のようなものです。その絵を次々に想像していくと、絵と絵がつながって、やがて頭の中でアニメーションのように動き出します。

　こうして読む英語は楽しいものです。英語圏の人々は、こんな感じで幼い頃から英語を読んでいます。

　しかし、日本では少し状況が違います。日本の学校教育では、英語を日本語に翻訳して読むように教わるからです。これは少し回りくどい方法です。何しろ、英語を日本語に翻訳して読むと、毎回こんな作業を頭の中で行う必要があります。

　さらに、scratchなどの場合には「ひっかく」「掻く」「こする」

といった複数の意味の中から毎回正しいものをひとつ選ばないといけません。その上で、訳した日本語の単語を正しい順番に並べ替える必要があります。

　これはエドがやっていることよりもだいぶ大変です。

　エドは文をイメージとして想像しているだけです。最小限のルールは知っていますが、それは文章を想像する時に、小分けに区切る必要があるからです。

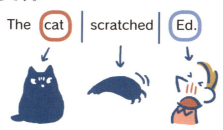

　こんな感じで区切って、あとはそれぞれの区切りの中身を想像します。区切るだけなら、英語にはそんなに難しいルールは必要ありません。誰でもできる簡単な作業です。

　これから七つの章に分けて、エドが見ている英語をお見せします。七章が終わったあとには、英語の最大のひみつが書いてあるおまけの八章もあります。もし一章分しか読む時間がないとしたら、この八章を読むことをおすすめします。

　英語の学習書は最初から最後まで全部が大事というわけではありません。この本では一章と二章、そして八章が大事です。だからこの三つの章の表紙と見出しには、赤色 ● を塗ってあります。

　さらに赤い章の中でもすべてが大事ではありません。途中でたまに黄色いコラムが登場します。最初に読む時は、この黄色いコラムはすべてとばしてください。例として、そのコラムが今から登場しますが、これもちゃんと読みとばしてください。

　いいですか。読んではだめですよ。

最初は読まないで

crumbles は「欠片」という意味です。この黄色いコラムには本文からこぼれ落ちた細かい内容が載っています。最初は読みとばして構いません。二周目以降に目を通してみてください。……と、今は読んではだめです！

Ed skipped.

続く三章から五章まではこんな青色 に塗ってあります。

これらの章はそこまで大事ではないので、ふわっと読んでください。無理に内容を覚える必要はありません。

六章と七章はコラムと同じ黄色 ◯ に塗ってあります。

この二章は、難しく感じたらとばしてもらって大丈夫です。ただ、英語の一番面白いところでもあるので、余裕のある時に目を通してみてください。

もし読むのに疲れて、頭がパンクしそうになった時には、左ページ下に設けられた手近な休憩所にすぐ駆け込んでください。疲れが取れたらまた読み始めてもいいし、そこで一旦本を閉じても構いません。

とにかく全部をいっぺんに覚えようなどとは絶対に考えないでください。**分からないところはあっていいのです。**

一度に焦って読むよりも何度かに分けて、同じところを読み返しつつ、のんびりと進んでください。英語のピースが頭の中で自然に組み合わさるのを待ってください。

これは気楽に読める百科事典です。あっちを見たり、こっちを見たりしながら、英語の世界を旅するように楽しんでください。

休憩所 英語を身に付けるには、何よりも慣れることです。短距離走というよりもマラソンです。ここはそのマラソンの給水所だと考えて、頭がもやもやしてきた時に使ってください。きっと気持ちが少し落ち着きます。

第一章
箱と矢印

まず最初に、
一番大事なことから
始めましょう。

英語の区切り方です。

1. 主役と脇役

　英語にはひとつ、大原則があります。——それは、前から読むということです。当たり前だと思うかもしれませんが、これがしっかり頭に入っているだけで、英語は格段に分かりやすくなります。

　何しろ、**英語は前に出てくるものほど重要です。**

The cat scratched Ed.

　例えば、この文で最初に出てくるのは The cat です。これが文の「主役」です。一番前にあるので、もっとも大事です。

↓
The cat scratched Ed.

　次は主役が何をしたか——つまり、主役の「動き」です。猫ですから、当然ひっかきます。これが二番目に大事です。

↓
The cat **scratched** Ed.

　そして最後は動きを行った相手——「脇役」のエドです。

↓
The cat scratched **Ed**.

英語の文はほとんどこの順番に並んでいます。「主役が／何かをする／脇役に」という形です。だから、最初にこの三つのパーツの区切りを見付けることが大事です。

The cat | scratched | Ed.

まずは区切りがイメージしやすくなるように、主役と脇役をそれぞれ箱に入れてみます。主役はAの箱、脇役はBの箱です。

そして、主役の箱は目立つように赤、脇役の箱は青に塗ります。

この二つの箱の間には、AからBに向かう緑の矢印が入ります。これは主役が脇役に対して何か動作を行ったことを表します。

ここでは「ひっかいた」です。

The cat scratched Ed.

このA→Bの形が英語の基本です。文章の方にも、箱と同じ色を塗っておきましょう。

The cat scratched Ed.

これで文が三つのパーツに分かれました。こうすると、英語は読みやすくなります。

 2. 矢印は右向き

それでは、もう少し詳しくA→Bの形を見てみましょう。

A→Bの矢印は必ず右向きです。「何かをする」のは、いつだって主役の方です。試しにエドをAの箱に、猫をBの箱に入れ換えてみましょう。今度はエドが主役です。

こうすると、エドがscratchする側になります。

Ed scratched the cat.

英語の文が舞台だとしたら、主役や脇役になる単語はその役者です。役者は必ずしも生き物でなくても大丈夫です。名前が付いているものすべて——生き物、物体、概念はなんでも箱に入ります。

例えば、こういうものはすべて役者です。

cat
（生き物）

pie
（物体）

shop
（物体）

evil（悪）
（概念）

試しにBの箱に猫ではなく、パイを入れたらこうなります。

Ed baked a pie.（焼く）

ここでの矢印は「焼く」です。エドがパイを焼いています。
再び猫をAの箱に戻してみると、猫はパイにこんなことをします。

The cat snatched a pie.
<small>ひったくる</small>

　矢印にはどんな「動き」でも入ります。ひっかいたり、追いかけたり、捕まえたり、蹴ったり、あらゆる動きを入れることができます。

scratch　　　chase　　　catch　　　kick

　中には実際には動かない「動き」もあります。例えば「愛する」というのは目には見えない「心の動き」です。でも、これも立派なAからBへの矢印です。

Ed loves the cat.

　この矢印はそのままで、もう一度AとBの役者を入れ換えてみます。すると、同じ「愛する」でもちょっと文章が変わります。

The cat loves Ed's pies.

とにかく大事なのは、矢印はいつも右向きということです。

役者の付き人

「エド」のように固有の名前が付いている役者は単独で箱に入りますが、それ以外はたいていaかtheが手前にくっついて箱に入ります。このaとtheについて、詳しくは64ページのCRUMBLESを。

Ed   a pie

 3. A→

時には相手が必要ない動きというのもあります。**jump**などがそうです。

The cat jumped.

「跳び上がる」ことは主役が一人でできる動きです。こういう場合、脇役がいらないので、Bの箱に入るものが何もありません。だから、Bの箱自体が消えてしまいます。

同じように、一人でできる動作は色々あります。「溜息をつく」という動作も相手が必要ありません。エドが一人でできるので、これもBの箱はない文になります。

このように、Bの箱が消えることがあっても、英語の基本の形はあくまでA→Bです。

4. A＝B

A→Bとは違う形がひとつだけあります。それがA＝Bです。

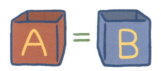

A→B以外には、このA＝Bしかありません。そして、この形はA→Bよりずっと単純です。

　今まで見てきた通り、A→Bの矢印には、scratch、bake、loveなどのあらゆる「動き」が入ります。

　しかし、A＝Bの＝には「be」とその変形（am、are、is、was、were、been）しか入りません。

　このbeという単語は、本来「存在する」という意味です。でもそれだと少し想像しにくいので、beに関しては、読む時にはすべて頭の中で「＝」に置き換えてください。そうすると、文の内容が分かりやすくなります。

　A＝Bは説明の文です。エドをAの箱に入れて、Bの箱の中身を色々なものに入れ換えることで、エドについてのあらゆることを説明できます。

例えば、これはエドの職業を説明する場合です。

ほかにもエドの社会的な立場を説明したり……

年齢を説明したり……

……wasやwereで過去を説明することもできます。

気持ちを説明することもできます。

今いる場所を説明することもできます。

とにかくBの箱の中身を入れ換えれば、なんでも説明できます。さらにA＝Bで「動き」を説明することもできます。

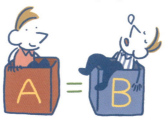

　英語ではsleepingのように、矢印の後ろに-ingを付けると、「○○すること」になります。scratchingなら「ひっかくこと」。lovingなら「愛すること」。ここではsleepにingが付いているので「寝ること」です。「エド＝寝ること」で、エドの状態を説明しています。
　こうしてBの箱の中身を入れ換えることで、主役の状況を説明するのがA＝Bの文です。

5. A→BとA＝Bを絵にする

　動きを見せるA→Bの文と、説明をするA＝Bの文。英語にはこの二つしか文はありません。
　どんなに長くて変わった文でも、必ずこの二つのどちらかです。

　これらの文を絵として想像してみると、A→Bはすべて一瞬の出来事になります。例えば、こんな感じです。

The cat snatched a pie.

　もう少し動きが緩やかな場合でも、やはり一枚の写真のようなイメージです。

Ed baked a pie.

　これに対して、A＝Bの文はもう少し図解のような絵を想像するとしっくりきます。こんな感じです。

Ed is a baker.

　動きのある文ではないので、エド自身は止まっています。その代わり、背景が主役の置かれている状況を物語っています。

　想像する絵に正解や不正解はありません。ここに載っているのはあくまでも一例です。文を区切ることさえできれば、絵はそこから自然に溢れ出してきます。想像を自由に広げて、浮かんでくる絵を楽しんでください。

　それが英語を「読む」ということです。

動きの文　　　　　　　　　説明の文

この章を一行でまとめると、こうなります。
「英語の文章は必ずA→BかA＝Bのどちらか」
色々覚えようとする必要はありません。この一行だけを頭に入れて、気軽に先へ進んでください。

story 1 "The Cat and the Baker"

　A→BとA＝Bの二つの形を使って、さっそく色々な英語の文の区切り方を見てみましょう。

　以下の文章はすべて色分けされています。どこがAで、どこがBで、どこが矢印になるのかを確認しながら読んでみてください。

The shop is open.
（＝ 開いている）

　英語の物語は多くの場合、こうしてA＝Bの説明で始まります。

The cat is watching.
（＝）

　A＝Bで動きを説明しています。The cat watches. だと一瞬の動きですが、The cat is watching. だと、じっと見ている感じがします。

The cat wants a pie.
（ほしい）

　一番普通のA→Bの文です。この動きは猫の心の動きです。

Ed is cleaning the floor.

A＝Bで再び動きの説明。ここでは脇役は「床を掃除すること」。

The cat hides.

猫が隠したのは「自分」なので、Bの箱はありません。A→だけの文です。

Ed opens the door.

ごく普通のA→Bの文です。

The cat moves.

ここでも動きの相手になるものはなく、猫自身が動いただけなので、A→です。

The cat's paw stops the door.

A→B。cat's で「猫の」。猫の前脚は paw と言います。

Ed hears something.

A → B。something は「何か」。何か怪しい音が聞こえたのでしょう。

He is too late.

too は「〜すぎる」という強調の言葉です。late に付くことで「遅すぎる」と意味を強めています。

　最後の文では Ed が He という「代役」に置き換えられています。同じ主役が二文以上続く場合、このように二番目の文から主役や脇役に代役を立てることができます。こうすることで、英語では同じパターンの繰り返しを避けています。

　主な代役には以下のようなものがあります。

he / him　　　　**it / it**　　　　**they / them**

主役の代役は男性の場合は he。脇役の代役は him です。女性は she / her。

動物や物体はすべて it です。

複数の代役の場合は主役は they、脇役は them です。

動作の説明

A→Bの文は、右の絵のような一瞬の動作です。それに対してA＝Bの文で表現される「動き」は「説明」です。下の一連の絵のように、その動きを数秒間、じっと見せているような印象になります。

Ed scratched the cat.

Ed is scratching.

「動きの説明」では、Bの箱には「動き＋-ing」（ここでは「ひっかくこと」）が入っています。ただ、-ing ではなく、-ed で終わる動きが入っていることもあります。

Ed is scratched.

これも動作の説明ではありますが、この場合、その動きは「主役がした」ものではなく、「主役がされた」ものになります。

あまり意識する必要はありませんが、A＝Bの文でどうしても動きの辻褄が合わない時には、Bの箱の動きに -ed が付いていないか確認してください。付いていたら、その動きは主役が「したこと」ではなく、「されたこと」です。

第二章

付録と化粧品

すべての英語の文は
A→B か **A＝B** です。
でも、普通の英語の文はもっと長いはず……
と、思っていませんか？

では、長くなる理由を
お見せしましょう。

1. 飾りの多い文

The cat scratched Ed.

これはとてもシンプルな文です。この文でA→Bの区切りを見付けるのはそれほど難しくありません。

でも、もっと長い文が出てくることもあります。

The ferocious cat from hell scratched poor little Ed twice in the kitchen last night.

いきなり長くなったので、戸惑うかもしれません。でも、落ち着いてゆっくり見てみてください。文の中に見慣れた単語がひそんでいます。

　　　　　　　　↓　　　　　　　　↓　　　　　　　　↓
The ferocious cat from hell scratched poor little Ed twice in the kitchen last night.

そうです。この文の主役は相変わらず猫で、脇役はエドです。そして、矢印も同じ「ひっかく」です。つまり絵にすれば、この二つの文は同じものになります。——この絵です。

The cat scratched Ed.

では、どうしたら文がこんなに長くなるのか、順を追って見ていきましょう。

2. 場所と時間

The cat scratched Ed.

　最初は主役と脇役だけの単純な文からスタートです。このままだと絵の後ろが真っ白で寂しいので、背景を付けてみることにします。背景には主に「場所」と「時間」の二種類があります。まずは「キッチンの中」という「場所」を付けてみましょう。

The cat scratched Ed in the kitchen.
　　　　　　　　　　　　　　　　　　　場所

　猫とエドの後ろにキッチンが現れました。――次は「時間」も背景に加えてみましょう。last night（昨夜）という時間です。

The cat scratched Ed in the kitchen last night.
　　　　　　　　　　　　　　　　　　　場所　　　　　時間

すると、背景が夜になります。

英語はこうしてその出来事が「いつ、どこで」起きたのかを、文の後ろに付けていくことができます。こういった背景が文を長く、複雑に見せています。でも、**これらはあくまで文の「付録」です**。大事なのはいつでもA→Bの部分で、付録があってもなくても、絵の内容はそれほど変わりません。

 3. 効果

「場所」と「時間」のほかに、もうひとつ面白い付録があります。それが「効果」です。「効果」は主役の動作を演出するもので、どのようにその動作を行ったのか、より詳しく教えてくれます。
　例えばtwiceを効果として後ろに加えれば、猫が同じ動作を二度繰り返します。

The cat scratched Ed twice.
効果

効果には色々なものがあります。「どう猛に」という意味のferociouslyを効果として後ろに加えると……

The cat scratched Ed ferociously.
効果

猫がひっかく様子が絵の中でも激しくなります。

効果はこのように矢印の動きを大げさにして、絵を面白くします。文の中でも一番想像力をかき立ててくれるものです。

4. 文の付録

それでは「時間」「場所」「効果」の付録を全部いっぺんに付けてみましょう。どんな順番でも構いません。英語は前の方が重要なので、目立たせたい順にどんどん並べていくだけです。ここではtwiceを目立たせたいので、一番前に置きました。

The cat scratched Ed twice in the kitchen last night.
　　　　　　　　　　　　効果　　　　場所　　　　時間

絵はずいぶん賑やかになりましたが、やはりA→Bの部分は何も変わっていません。後ろに付録がたくさん付いているだけです。こういった付録は、Bの箱の後ろにいくつでも並べることができます。

これが英語の文が長くなる大きな理由です。

でも、どれだけたくさん付いていても、付録はあくまで文の飾りです。大事なのはA→Bの部分で、後ろに行くほど重要度は低くなっていきます。

　ちなみに付録の中にどうしても目立たせたい要素がある場合、コンマ（点）で区切って、それを文の一番前に押し出してやることもできます。例えばlast nightを前に出すと、こうなります。

Last night, the cat scratched Ed twice in the kitchen.
　時間　　　　　　　　　　　　　　　効果　　　場所

　文で前に出ているものが、絵でも先に浮かんできます。だから、この場合「昨夜」という要素が絵の一番前面に出ています。英語ではある要素を目立たせるために、こうして文の前に「押し出す」ことがよくあります。

うっかり一周目に黄色いコラムを読んでいませんか？
もちろん読んでへっちゃらならそれで構いません。でも、情報が多すぎる気がするなら、黄色いところは全部とばしましょう。
ほら、この右上のやつも！

休憩所

矢印と効果は仲がいい

「効果」に使われる単語のほとんどは ferociously のように -ly で終わります。happy に -ly が付くと happily（楽しそうに）、sad に -ly が付くと sadly（悲しそうに）になります。「唯一」という意味の only も、one に -ly が付いた効果です。単語の最後に -ly を見付けたら、効果の付録だと思ってください。「効果」が強調される場合には、たいてい**矢印のすぐ手前**に押し出されます。この例では ferociously がさらに強調されています。

The cat ferociously scratched Ed.

5. 化粧品

　背景が付いて、絵が華やかになってくると、今度は主役と脇役の方が少し寂しく見えてきます。

　次はこの役者たちに飾りを付けてみましょう。役者は色々な「化粧品」を同じ箱に入れることで飾ることができます。

例えば「猫」に化粧品を付けると、このように変身します。

今から実際に箱の中に化粧品を入れてみます。役者がどうなるかをよく見ていてください。

まず、主役のthe catが入ったAの箱にferocious(どう猛な)を放り込んでみます。

途端に猫がどう猛になります。

化粧品は基本的に役者のすぐ手前に入りますが、単語ひとつで説明できない内容は、役者の後ろに「化粧文」として入ることもあります。例えばこの後ろに「from hell (地獄から来た)」を放り込んでみます。

the ferocious cat

猫がさらに凶暴になります。

the ferocious cat from hell

ついでに脇役のエドにも化粧をしてみます。化粧品は付録と同様、いくつでも付けられるので、ここではpoorとlittleの二つを放り込んでみます。

すると、エドがかなりしょぼくれた姿になります。

poor little Ed

　こうして化粧をした主役と脇役を両方使うと、文章はこうなります。

The ferocious cat from hell scratched poor little Ed.

　化粧品は役者の一部です。役者と同じ箱の中に入るので、文章でも役者と同じ色に塗ってあります。
　さらにこの文の後ろに先ほどの付録を全部足してみると、最初の長い英語の文が完成します。

The ferocious cat from hell scratched poor little Ed twice in the kitchen last night.

  この章を一行でまとめると、こうなります。
「A→B以外のところはすべて無視しても意味は分かる」
大事なのはこれだけです！

英語の文が長くなるのは、こうして飾りがたくさん付くためです。役者の箱には化粧品が入って、文の後ろには付録が付きます。

付録や化粧品は、主役や脇役本体に比べて、あまり大事ではありません。想像力をかき立ててくれるスパイスのようなものです。

Bの箱？　それとも場所の付録？

Ed is in the box.

左の文では、A＝Bで主役のいるところを説明しています。こういう時、in the box は「場所の付録」ととることもできます。その場合、is は本来の意味である「存在する」という矢印だと考えてください。
in the box を場所の付録として考えた方が簡単な文もあれば、Bの箱だと考えた方が簡単な文もあります。その時その時で、自分が読みやすい方で捉えて構いません。

化粧文の正体 1

　英語の仕組みはいたってシンプルです。原則として、ひとつの文に「矢印」はひとつしかありません。ただ、この原則を混乱させるのが長い化粧文の存在です。

　時として、英語の文には、役者の後ろに別の文がまるまるひとつ化粧文として付いていることがあります。例えばこんな文です。

The blueberry pies that Ed bakes are the cat's favorite pies.
（お気に入りの）

bakes といういかにも矢印っぽい単語があるので、それが文の矢印だと思って読んでいくと、途中で話が通じなくなります。こういう時は、もしかしたらそれは化粧文の一部かもしれないと考えてみてください。
Ed bakes は色分けもできるれっきとした文です。それが化粧文として手前の pies に付いています。

　色分けすると、こういう A＝B の文になります。

The blueberry pies that Ed bakes are the cat's favorite pies.

「エドが焼くブルーベリーパイ」全体がこの文の主役です。元々化粧文は分かりやすいように、こうして手前に that を付けていました。しかし、最近はリズムをよくするために、その that も省く場合が増えています。

The blueberry pies Ed bakes are the cat's favorite pies.

　こうなるといよいよ区切りを見分けるのが難しいのですが、このパズルのような形が英語の醍醐味でもあります。慣れてきたら化粧文は直感的に見分けられるようになります。それまではちょっと迷いながら、本物の矢印を探すことを楽しんでください。

CRUMBLES special は最後の最後に読んでほしいページです。英語にだいぶ慣れてから読むと「あ、そうか！」とぴんと来ます。だから今は慌てて読まないでください。

第三章
七つの小道具

一番大事なところが
終わりました。

ここからは少し
肩の力を抜いてください。

七つの小道具にまつわる
お話をしましょう。

1. 七つの小道具

　英語の文はあっちこっちに飾りが付きます。箱の中に化粧品や化粧文が付いていることもあれば、文の最後に付録が付いていることもあります。いくつかの単語がワンセットになっている時などは、区切りを見付けるのが少し厄介です。

　そんな時、強力な武器になってくれるのが「小道具」です。小道具は主に二、三文字の短い単語で、特に下の七つがよく出てきます。

on　in　of　to　at　by　for

　これらの小道具はどれも小さな言葉ですが、絵のイメージ全体を変えてしまうほどの力を秘めています。

　小道具がどのくらい影響力があるのかを見てもらうために、ひとつ実験をしてみましょう。

　ここに一枚の映画のポスターがあります。タイトルはA Day at the Lake。「湖の一日」という題名の映画です。

　ポスターのイメージから察するに、湖に集まった人々の人間ドラマのようです。

　しかし、このタイトルの中のatをほかの小道具に置き換えると、たちまち映画の内容が変わってしまいます。

【児童文学】
湖の上のいかだで
過ごす少年の一日。

【ファミリーもの】
湖で泳いで過ごす
家族の一日。

【ドキュメンタリー】
湖の長い歴史の中の
一日を追った記録。

【ロードムービー】
ある湖を目指して
旅をする男の一日。

【ラブロマンス】
湖のほとりで愛を育む
カップルの一日。

【教育映画】
湖の存続を望む若者が
募金を集める一日。

　小道具は英語特有の、とても面白い言葉です。そして、区切りを見分けるのに便利です。何しろ**多くの付録の先頭は小道具で始まります**。

　この章ではこれら七つの小道具を絵で見ていきますが、内容を覚える必要はありません。小道具がどの位置に来て、どう文を区切っているのかだけに注目してください。

 2. onは重力に弱い

　もっとも代表的な小道具がonです。onは学校の授業や英和辞典では「〜の上に」と訳されることがあります。確かにこんなonであれば、それで意味は通じます。

Ed puts the cup on the table.

しかし、このコップを持ち上げたとします。もしコップの底が濡れていたら、こんなことが起こるかもしれません。

The coaster sticks on the cup.

このコースターもコップに on しています。上ではなく、下なのに on です。さらに不思議なのは、これも on であることです。

Ed types on the computer.

そして、一番奇妙なのはこの on です。

実はonは「〜の上に」という意味ではなく、「何かに接触している状態」を指す言葉です。
　だからonを絵にすると、こんな感じになります。

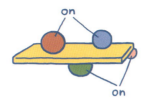

　どこかが接触していれば、それはonです。電気のスイッチは配線が接触して電気が通っている状態がonです。
　逆に接触していないものはすべてoffです。

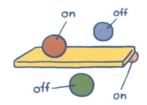

　接触しているのが目に見えないものの場合もあります。
　例えばon timeは「時間通りに」という意味です。時間がまっすぐ未来に向かって進む乗物だとしたら、それにぴったり接触している状態が「時間通りに」です。

　onが「〜の上に」という印象があるのは、地球に重力があるためです。なかなか側面や下面にonすることができないので、接触する場合は「上に」が圧倒的に多くなります。

3. inは何の中にある？

onと同じくらいよく出てくるのがinです。inはカタカナでもよく使う単語なので、イメージがすでにある人も多いと思います。

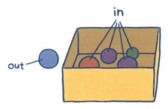

何かがinであるためには「枠」が必要です。何もないところにinすることは不可能です。inが出てきたらその「枠」が何か――「何の中に入っているのか」を考えることが大事です。

例えば、こんな枠なら分かりやすいと思います。

Ed lives in the shop.
　　　　　　場所

枠は「店」です。エドはその中にいます。

しかし、こんな分かりにくい枠もあります。

Ed cries in sadness.
　　　　　悲しみ
　　　　　効果

この場合の枠は「悲しみ」という感情です。どんなにがんばっても、決してその枠から出られない様子を想像してもらえば、簡単に絵が浮かぶと思います。

　さらに曖昧な枠ならこういうのもあります。

　on timeと違って、この時間には枠があります。「未来」という漠然とした枠です。「その時間の中に入った時」という意味で、「そのうち」を英語ではin timeと言います。

　ここまでのinとonの例を見て分かるように、付録の先頭には高い確率で小道具が付いています。いくつも付録がつながっているような時には小道具に注目すると、それぞれの区切りが分かりやすくなります。

 4. inの中のof

　inの枠の中にあるものは、必ずしも一種類とは限りません。先ほどの箱の中に入っているボールも、様々な色や大きさがありまし

た。その中から、ある特定のボール——例えば紫のボールだけを選ぶと、それがofになります。

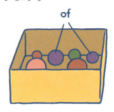

　ofは大きな集まりの中から、特定の小さな集まりを選び出す時に使います。ofの後ろが元の大きなグループで、ofの手前がそこから取り出した小さなグループです。この場合はpurple balls of the boxになります。

　同じものがたくさんある中から、特定の条件で何かを抜き出すのがofです。例えばこの一本のパンの中から一枚だけを抜き出します。

　するとこうなります。

a slice of bread

休憩所　　小道具は英語圏の人も結構いい加減に使っています。だからそんなに厳密には考えないでください。日本語でも「山に行く」と「山へ行く」の違いをあまり気にしないのと同じです。言葉はそもそも曖昧なものですが、小道具はその中でも特に感覚的なものです。

飲み物も飲む時には一杯だけ取り出すので、やはりofで表現します。

a cup of milk

このように、より大きな集まりから取り出された小さな集まりがofです。

ofはその前後の役者をつないで、ひとつのセットにします。a slice of breadやa cup of milkでひと固まりになります。ofはほかの小道具に比べて、付録にはあまり登場しません。どちらかというとAやBの箱の中によく出てくる、少し特殊な小道具です。

 5. どこかへ向かうto

方向を示す小道具がtoです。どこかへ向かう時、その目的地を示すのに使います。例えば、家へ向かうならこうです。

Ed went to the house.

場所

具体的な場所でなくても、なんらかの目標を目指す場合はみんなtoを使います。勝利へ向かって進むならこうです。

toにはあらかじめ決まった範囲を目標として、そこへ向かっていくイメージがあります。その範囲はけっこう大きなものです。絵にするとこんな感じになります。

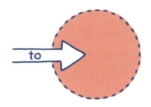

してきたこと、これからすること

「to＋矢印」も「矢印＋ing」と同じく「○○すること」になります。例えば「to sleep」で「寝ること」です。

Sleeping is good.

To sleep is good.

同じ意味に見えますが、ingには「過去」のイメージが少しあって、toには「未来」のイメージが少しあります。左は「（今まで）寝てきたこと」の意味合いが強く、右は「（これから先も）寝ること」の意味合いが強くなっています。でも、読む時にそれほど違いを意識する必要はありません。

この範囲に入ることが**to**の目標です。**to**は場所の付録として、とてもよく出てきます。

to the mountains　　**to happiness**　　　**to school**

6. 狙い撃ちのat

　toと似ているようで、まったく違う小道具が**at**です。

　atも方向を示す言葉ですが、こちらは場所を「範囲」としてではなく、一点の「標的」として捉えています。だから同じ「家」に使う場合でも、**at**だとこうなります。

Ed threw a rock at the house.
投げる

場所

　的を狙って、そこに向かって何かを投げるようなイメージです。絵にするとこうです。

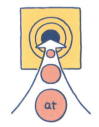

toがだいたいの方向を示しているのに対して、atははっきりとした一点だけが目標です。また、toに比べて狭い範囲を指すのも特徴です。

時間に使う場合には、時の流れのある一点を指差しているようなイメージになります。

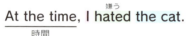

だいたい指を差すイメージが思い浮かべばatです。

7. 頼りになるby

byは何かの横に寄り添う小道具です。
もっともよく表している例はこれかもしれません。

これはただ横に立っているだけでなく、精神的にも相手に寄り添っています。これが重要な点です。
　絵にするとこんな感じです。

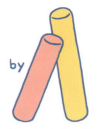

　byは場所の付録によく使われます。特にその場所に対してなんらかの愛着がある場合です。例えば、湖に使うとこうなります。

I had a picnic by the lake.
場所

　これはたまたま「湖の横」にいるのではなく、選んで湖の側にいます。ピクニックをするために、景色のいい湖の側を選んだのです。それに対して、たまたま車を止めたのが湖の隣というだけなら、こうなります。

～の横に
I parked beside the lake.
場所

この場合は湖に用はなくて、位置を示すためだけに湖を使っています。
　byで寄り添う相手はたいてい自分よりも大きくて安定したものです。乗物などがよい例です。

by car　　　　　by train　　　　by boat

　このようにbyは何かを頼りにして寄り添う小道具で、やはり付録によく登場します。「時間」「場所」「効果」のいずれにも使われます。

 8. 善意の言葉for

　最後のforを絵で表現すると、こんな感じになります。

　プレゼントです。forは誰かに何かをあげる時に使いますが、いやいやあげる場合には使いません。喜んであげる時や、誰かのために何かをする時にだけ使います。
　例えば、このパイはエドがお客さんのために焼いたパイです。

Ed baked a pie for his customers.

効果

そんなにあげたくないのにあげる場合は、相手はただの目標になるので、小道具はtoを使います。

Ed gave the pie to the cat.

場所

相手が人間以外の時でもforは使うことができます。例えば場所にも使えます。

Ed left the big city for a small town.

場所

エドが小さな町のために、大きな街を離れたということです。この引っ越しはエドからすれば、小さな町に自分をあげるようなイメージです。

時間をあげる場合にもforが使えます。

Ed worked for three hours.

ここではエドが三時間という時間を仕事に捧げています。

forはどんな場合にも気持ちのこもったプレゼントです。英語の中で一番優しい言葉のひとつだと言ってもいいかもしれません。

 9. その他の小道具

小道具のイメージは英語を読んでいれば自然に身に付いてきます。だから無理にイメージを作ろうとせず、最初は何より区切りの位置を見分けるために使ってください。

小道具にはこの章で紹介した七つ以外にも、こんなものがあります。

up the ladder down the ladder above the ladder

この章を一行でまとめると、こうなります。
「だいたいの付録は小道具で始まる」
本当はこれだけが言いたくて、こんなにいっぱい例を出しました。

~の下に
under the ladder

~を通り抜けて
through the ladder

~に沿って
along the ladder

~と共に
with the ladder

~の間に
among the ladders

色々な種類がありますが、これらはごく単純に場所や位置関係を示しているだけで、七つの小道具ほど多彩な意味はありません。

「七つの小道具」は特別です。よく出てくるので、区切りを見分けるのにぜひ役立ててください。

小さな場所

in、out、by など一部の小道具は単独で場所の付録になることがあります。

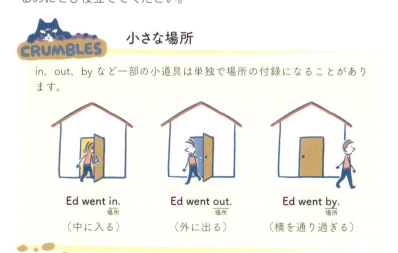

Ed went in.
　　　　場所
（中に入る）

Ed went out.
　　　　　場所
（外に出る）

Ed went by.
　　　　場所
（横を通り過ぎる）

a と the を絵にする

　a と the はたいていの役者の前に付いている、ちょっと特殊な化粧品です。ひとつの文の中に三つや四つは当たり前。多い時には六つも七つも出てきます。

　一般的に、初めて出てきた役者には a を付けて、二回目からは the を付けるのが基本となっていますが、それだけではなかなか説明できない例もあります。よく分からない場合は、どちらも役者を照らしている照明としてイメージすると分かりやすくなります。

a man

a は暗がりでポツンとしている
役者に当たるスポットライト。

the cat

the は舞台の上の役者を
下から派手に照らす照明。

　a と the はどちらも極めて小さい単語なのに、小道具と同じく、絵に大きな影響を与えます。A Day at the Lake のポスターも、最初の A を The に換えると右のように内容が変化します。

　普通の家族の「平凡な一日」が、A を The にしただけで脚光を浴びた「特殊な日」になりました。湖のほとりの特殊な一日——そんな意味深なタイトルはきっと殺人事件か何かのミステリーに違いありません。

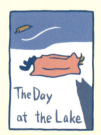

【サスペンスミステリー】
その日、湖で起きた
殺人事件を解く推理もの。

第四章
重なる箱

さて、**A→B** に戻りましょう。
といっても、基本はもう終わっています。

残るは **A→B** のちょっと変わった形です。

1. andでつながる

英語の最大の区切りはなんといっても文の最後の．（ピリオド）です。でも、時にはその絶対的な区切りを破って、二つの文がandでくっつく場合があります。

例えば、この二つのA→Bの文を見てみましょう。

The cat scratched Ed.　　The cat stole the pie.

このままだと猫の二つの動作「エドをひっかいた」と「パイを盗んだ」は別々に想像することになります。絵もこの通り、二つに分かれます。しかし、二つの文をandでつなぐと、動きが一枚の絵になります。

↓

The cat scratched Ed and stole the pie.

この時、どちらの文も主役がThe catのため、二番目のThe catは省略されます。これで一気に猫のスピードが上がって、一瞬の犯行が成立します。猫のように素早い生き物の動きは、こういう文でしか表現できないことがあります。

　このようにandでつながった文は、連続した動きが一瞬で起こるスピード感のあるものになります。文の区切りの位置は変わりませんが、「二番目の主役が消えることがある」ということに注意してください。

2. butとsoでつながる

　二つの文をつなぐ言葉は、and以外にもbut、so、asなどがあります。どれも文をくっつけることに変わりはありませんが、それぞれ少し違う形でくっついています。

　例えばbutはこんな感じで文をつなぎます。

Ed grabbed the cat but the cat kicked Ed.
（つかむ）（蹴る）

　文がつながる瞬間に、「しかし」という一瞬のためを想像してみてください。画面がくるんと回るような感じです。予想と違うことが起きた時のつなぎ方です。

　soも同様に一瞬のためが入りますが、こちらは最初の文が原因で、二番目の文が起きる場合に使います。

The pie flew in the air so the cat chased it.

最初の絵が消えて、代わりに二番目の絵が出てくる感じです。

butとsoに関しては、必ずしもひとつの文にまとめる必要はないため、二つの文として分けたまま書くこともあります。

The pie flew in the air. So the cat chased it.

あえて文をくっつけない理由は、「前の方が大事」という英語の大原則のためです。二つの文をくっつけた場合、どうしても後ろの文の方が弱くなってしまうため、後ろの文がより大事という時には、こうして分けて書きます。

3. asでつながる

二つの文をつなげる四つ目の単語はasです。butとsoでは絵が順番に切り替わるのに対して、asでは二つの文の出来事はまったく同時に起きています。

The cat ate the pie as Ed shook his head.

ひとつの絵が真ん中で割れて、二つの出来事を同時に見ているような感覚です。

　asに関しては二つに分けて書かれることはありません。「同時」であることが大事なので、必ずひとつの文で表現します。

　こういった「文をつなぐ単語」はほかにもいくつかありますが、よく出てくるのはこの四つです。

　二つくっついた文はそれほど区切りを見付けるのが難しいものではありません。しかも、区切りが分かりにくいものはand、but、so、asの手前に「ここからは新しい文です」という意味のコンマを打つことが約束になっています。

Ed grabbed the cat, but the cat kicked Ed.

　だから文がくっついても、それほど分かりにくくはなりません。

4. Bの箱を渡す

　さて、変わった形の文の中でも、一番の例外を最後にお見せします。

　次の文は一見A→Bの文ですが、奇妙なところがひとつあります。

Ed gave the cat a pie.

そうです。Bの箱が二つあります。

「誰かに何かをあげる」といった文の時、このように二つ目のBの箱が出現することがあります。

　これは「あげる」という動作には「あげる相手」と「あげるもの」の二つの脇役が必要だからです。二つの文に分けると以下のようになりますが、これだと意味が少し変わってしまいます。

（「猫をあげた」になってしまう）

（誰にあげたか分からない）

　そこで二つの文を組み合わせたのがA→BBの形です。主役が二つ目のBの箱のものを取って、脇役にあげています。絵にすると、こんなイメージです。

　この文はcatを場所の付録にすると、普通のA→Bの文になります。

A→BBは考えすぎると分からなくなります。
実際に読む時にはそれほどひっかからずに頭に入ってくるので、
「たまにそういう文があるんだな」という感覚で十分です。

Ed gave a pie to the cat.
<u>　　　　　　　　　　　</u>
　　　　　　　　　　場所

でも、これではパイの方が猫よりも前に来て、猫はただの付録になってしまいます。英語ではどうしても前に来るものの方が重要なので、パイよりも猫を強調したい場合、A→B B の形を使います。

ほかにも色々なものを脇役にあげることができます。形のないものをあげることもあります。例えばあだ名です。

Ed called the cat "big balloon".
　　　　　　呼ぶ　　　　　　　　　風船

これは猫にとって、あまりうれしいプレゼントではなかったようです。それをエドに分からせるため、猫も同じく形のないものをお返ししています。

The cat gave Ed a super cat punch.

71

このように誰かに何かを「あげる」文の場合、二つ目のBの箱が出現することがあります。

5. Bの箱へ押し込む

　A→BBの文では、たまに「あげる」のを想像するのが難しいものが箱に入っていることもあります。例えば、こんなものです。

　二つ目のBの箱には怒りの炎が燃えています。矢印はmadeなので、猫がエドの感情を「作り出す」という意味で、怒りの炎をエドに渡しているところを想像することができます。
　でも、それがしっくりこないなら、いっそ猫がエドをもうひとつのBの箱に押し込むところを想像してください。こんな感じです。

　当然、エドはangryになります。

この章を一行でまとめると、こうなります。
「たまに文が二つくっついていることがある」
A→BBはそれほど気にせず、とにかくandやbutで文がつながることがあるとだけ覚えておいてください。

The cat made Ed angry.

　猫がエドの感情を「madeした」──つまり「怒らせた」というわけです。丁寧に渡すパターンと、押し込むパターンがありますが、基本的には二つ目のBの箱のものを脇役にあげるのがA→B Bの文です。

　gave、madeなどを中心に、二つのBの箱を持てる矢印はごく限られています。慣れるまでは「まれにBの箱は二つある」とだけ気に留めておけば十分です。

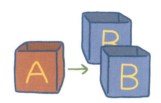

　英語の文の形はこれですべてです。

　せっかく全部が揃ったので、次のページに色々な文を使った短い物語を用意しました。つながっている文も、Bの箱が二つある文も登場します。ひとつひとつの文の形がどんなものか確認しながら、ここまでのまとめとして読んでみてください。ちょっとややこしいところは、ヒントのために色分けされています。

story 2 "A Dark and Lonely Night"

The cat is a proud animal.
誇り高い

A＝B の文。次の文からは、cat には代役の it が使われます。動物の代役は基本的に it ですが、性別が分かっていて、親しみがある場合は he や she を使うこともあります。

It is small but powerful.
力強い

A＝B but（A＝）B の文です。後半の It is powerful. の It is が重なるので省略されています。でも、small but powerful をまとめて B の箱に入れればシンプルな A＝B の文とも考えられます。

Ed wants to hold the cat.
抱える

A→B の文。to hold the cat で「猫を抱えること」。これをエドは「ほしい」のですが、今のところ、見果てぬ夢です。

Sometimes, he tries,
but the cat always scratches him.
時々　試みる　いつも

時間の付録 Sometimes が前に押し出されています。always は「効果」。文の形は A→, but A→B。

This makes Ed sad.

Thisは前の文全体の代役。A→BBの文で、主役が脇役を「押し込む」タイプのものです。

You only want my food, he thinks.

A→B。コンマの手前全部がBの箱。エドがthinkしている内容が前に押し出されています。

But he gives the cat some pie anyway.

こちらはA→BBの渡すタイプのものです。

One rainy night, Ed wakes in his bed.

A→。時間の付録が前に押し出されて強調されています。One nightで「ひとつの夜」、転じて「ある夜」となります。in his bedは場所の付録です。

The house is dark and empty.

74ページのIt is small but powerful.と同じ形の文。A＝Bとも、A＝B and (A＝)Bとも考えられます。ここではA＝Bとして色分けをしています。

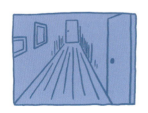

He feels lonely.

A→。lonely は効果の付録だと考えて分かりにくければ、Bの箱に入れて「feel するもの」にしても構いません。

Something is on his bed.

A＝B。on his bed は場所と考えても、Bの箱と考えても大丈夫です。場所の付録だと考えた場合、is は本来の意味である「存在する」だと捉えてください。

The cat looks up and yawns.

A→ and (A) →。二番目の文の The cat は省略されています。up は場所の付録。

Ed wants to hold it.

A→B。it はもちろん猫。「猫を抱えること」がBの箱です。

But the cat scratches Ed... lightly.

A→B。効果の付録の前に少しためがあります。声に出して読む場合は、一秒ぐらいの間が入る感じです。この文は本来 But で手前の文とくっついているのですが、大事な文なので、あえて二つに分けています。

It curls up by his leg.
丸まる

A→。猫が丸まる時には curl に up を付けて、さらに「丸まり感」をアップさせます。by his leg は場所の付録。by なのでただ横にいるのではなく、精神的にも寄り添っている感じがします。

Ed feels its warmth.
温かさ

A→B。its は「猫の」。feel は lonely のように物理的ではないものを感じる場合もあれば、warmth のように、実際に触れて感じることができるものの場合もあります。

He feels safe and sleeps again.

こちらの feel は「安全、安心」といったものを感じています。A→ and (A)→の文で、二番目の he は消えています。

The night is cold but they are warm together.
一緒

A = B but A = B の文です。together は効果の付録。

見守る主役

A→BB にはもうひとつだけ特殊な形があります。

Ed watched the cat run.

この文章ではエドは猫に何もあげないし、何にも押し込みません。ただ「見守る」だけです。これは矢印が「聞く」「眺める」「感じる」など五感に関するもので、実際の動きがない時にだけ起こります。

こういう文では、二つ目のBの箱は脇役の行った動作になります。

Ed watched the cat run.

この二つのBの箱は the cat run と、ほとんどA→の文に近い形です。だから、A→の文がまるごとBの箱に入っている感覚で捉えても構いません。

Ed watched the cat run.

こうすると「猫が走っている」のをエドが見ているという、普通のA→Bの文だと考えることもできます。

A→BB の文はそれほど頻繁には登場しません。その中でも、この形はさらに珍しく、なかなか出会うことがないものです。実際に出てきた時には意外に普通に読めるので、とりあえずこの形は忘れて、A→BB は基本的に「渡す」文だと考えておいてください。

第五章
変化の目印

英語は親切な言葉です。
いつも同じ順に並んでいます。

どうしても順番が変わる時には
「順番が変わっているよ」
と教えてくれるために
たいてい目印があります。

1. 四つの記号

　区切りが見えるようになってくると、英語の文はいくつかのパーツがある一定の順番に並んでいるものだとはっきり分かります。順番が大切なのは、もちろん「前のものの方が重要」という英語の大原則があるからです。このため、今までにも度々見てきたように、「これが大事」というパーツがなんらかの理由で定位置よりも前に「押し出される」ことがあります。

　そういう時は順番が崩れるので、戸惑わないようにたいてい目印が文に付いています。例えば、付録が前に押し出される時は押し出しのコンマが付いていました。ほかによく出てくる目印が、この四つの記号です。

　どれもよく知られているので、見たことがあるかと思います。

" "　n't　!　?

　これらの目印が出てきた時、文にどんな変化が起きるのか——それぞれの目印ごとに見てみましょう。

 ## 2. 台詞の目印

　最初の目印は " " という記号です。" " で挟まれている部分は誰かの台詞であることを示しています。

"This is a cat," Ed said.

80

台詞の最後はピリオドではなく、コンマで終わっていることに注目してください。また、文の色分けもちょっと変です。なぜならこの文は、本来はこう書く方が正確だからです。

Ed said, "This is a cat."

　しかし、これでは肝心の台詞があと回しになってしまいます。そこでコンマで区切って、Bの箱（台詞）を文の前に押し出しています。付録を前に押し出すのと同じやり方です。

"This is a cat," Ed said.

　台詞の多くはこの形になっています。
　英語は日本語のように年齢や性別、性格で話し方が変わるわけではありません。そこで、誰が言っているのか分かるように、台詞の前か後ろにはほぼ必ず「名前＋said」が付きます。
　このsaidは声の大きさに応じて、以下のように色々な矢印に入れ換わることがあります。

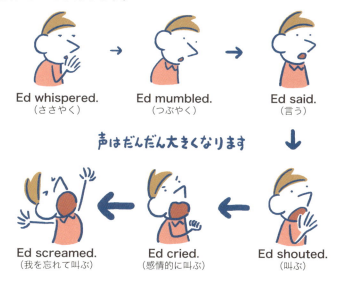

Ed whispered.
（ささやく）

Ed mumbled.
（つぶやく）

Ed said.
（言う）

声はだんだん大きくなります

Ed screamed.
（我を忘れて叫ぶ）

Ed cried.
（感情的に叫ぶ）

Ed shouted.
（叫ぶ）

3. 否定の目印

notは否定の目印です。A＝Bの文では＝の後ろに入ります。

This is not a cat.

これが入ると、＝が否定されます。＝の上に×が付くような感じです。

This is not a cat.

英語のnotはとても強い否定の言葉です。notが入っている部分は、そこだけほかよりも大きな声で発しているようなイメージがあります。

This is **not** a cat.

でも、これではあまりに強いので、ほとんどの文ではnotはoが省略されてn'tになっています。さらにその状態で＝の後ろにくっついて、isn'tのようにひとつの単語になります。

This isn't a cat.

こうすると、イメージが少し和らぎます。notだと「ない」と言い切る感じですが、n'tだと「ないと思う」くらいの強さになります。そのため、notよりn'tの方が一般的です。

　このようにA＝Bの文ならbe（とその仲間）の後ろにn'tを付けるだけでいいのですが、A→Bの文の場合は、矢印がどんな単語になるか分かりません。場合によっては後ろにn'tを付けにくい単語が入ることもあり得ます。

　例えばおなじみのこの矢印にn'tを付けると、発音できません。

↓
The cat scratchedn't Ed.

　そこでA→Bの場合、どんな動きの代わりにでもなる万能の矢印do（did、does）を矢印の手前に入れて、そこにn'tを付けることになっています。

↓
The cat didn't scratch Ed.

　doは単独で使うと「する」という意味の矢印ですが、こうしてすべての矢印の代わりになる便利な言葉でもあります。

　→や＝の周囲にnotかn'tがあったら、それは否定の文です。

　さらにnotがneverになっている時は「絶対にない」という英語

の最大の否定になります。

もっとも、この文は明らかに嘘ですが。

4. 命令の目印

！は分かりやすい目印です。

この文は本来なら主役のYouが最初にあるはずですが、それが消えてしまっています。

！はこのように主役が消えている文の最後によく付きます。これは命令の文です。主役を省略して、矢印を文の先頭に押し出すことで命令になっています。この形の文は切羽詰まっている時に使うので、一語でも短くしたいという気持ちも働いています。

ただし、英語の命令は日本語の「○○しろ」ほどきつい印象はなく、「○○してくれ」ぐらいのやわらかい意味合いの場合がほとんどです。

　さらにPleaseを前に付けると優しい命令——つまり「お願い」になります。

Please stop scratching!

　逆に命令を強めたい場合はDon'tを先頭に入れて、否定の文で命令すると、強い言い方になります。

Don't scratch!

　！マークが付いている文がすべて命令とは限りません。単に大きな声で叫んでいるような時にも！が付きます。また、命令でも静かに告げる時には！は付きません。でも多くの場合、命令の文は！とセットです。

5. 疑問の目印

　？は世界共通の疑問の目印です。日本語でも普通に使われてい

ます。？が最後に付くと、その文章が質問になります。

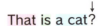

　さらに、すぐに質問だと分かるようにするため、＝を文の先頭に押し出すことがよくあります。

　こうすることで？の登場を待たなくても、読んでいる側はすぐにこの文が質問だと分かります。

　ただ、A→Bの文の場合、＝と同じように矢印を前に押し出すと困ったことが起こります。例えば「食べる」という意味のateを前に押し出すとこうなります。

You ate the pie. → Ate you the pie?

　これだと、命令の文に見えてしまいます。そこで、再び万能の矢印doの出番です。doを矢印の代わりに前に押し出すことで、この文が質問だということを分かりやすくしています。

　この章を一行でまとめると、こうなります。
「目印があったら、文の順番のどこかが変わっている」
色々覚えなくても、これだけで十分です。

↓
Did you eat the pie?

　こうするとすぐに質問だと分かるので、落ち着いて残りの文を前から順に読むことができます。
　さらにこの前にWhy、What、Whenなどの具体的な質問内容が追加されることがあります。

↓
When did you eat the pie?

　この質問で大事なのは「いつ」なので、それが一番先頭に押し出されています。
　このように、英語はとにかく重要なものを前に押し出すことで、色々な変わった形になることがあります。この時、絶対的な英語の「順番」が少し変わるので、区切りを見失わないために目印が使われます。
　区切りを見付けにくい時は、目印になるものがないか探してみてください。

story 3 "A Day at the Lake"

　今回は目印がいっぱい出てくる物語です。文の色分けはしていませんので、区切りが分かりにくい時は日本語の解説を読んでみてください。もちろん英語だけで十分なら、解説を読む必要はありません。

It is a nice, sunny day.（晴れた）

A＝B。本来は Today is a nice, sunny day. です。時間（The time）や天気（The weather）などはよく使う表現のため、代わりに It を使うのが約束になっています。

The cat and Ed walked by the lake.

A→。The cat and Ed はセットでこの文の主役です。

Children were playing at the lakeside.（湖の周り）

A＝B。公園や運動場のように枠のある場所なら in を使いますが、「湖の周り」のように、枠がはっきりと分からない場所では at がよく使われます。

A woman was preparing lunch at a table.
用意する

A＝B。preparing lunch で「昼食を準備すること」。

The cat took the woman's pie and ran away.

A→B and (A)→。woman's で「女性の」。二つ目の主役は省略されています。away は「(自分から)離れた場所」という場所の付録。

"Stop!" Ed shouted, and chased the cat.

A→B, and (A)→B。命令の台詞が前に押し出されています。！があるので、台詞のあとには押し出し用のコンマは使いません。

He ran faster and faster.
もっと速く

A→ and (A→)。He ran faster and he ran faster. の二番目の文の he ran が重なるので省略されています。faster and faster 全体でひとつの効果の付録だと考えるのもありです。

The cat jumped to the side.

形としては A→。to the side は場所の付録です。

Ed wasn't looking ahead.

A＝Bの＝にn'tが付いて否定になっています。「前を見ること」をエドはしていませんでした。

He ran into the lake.

A→。intoはinとtoをくっつけた小道具です。

The cat ate the woman's pie.

典型的なA→Bの文です。

Ed stood <u>up in the water</u> <u>helplessly</u>.

A→。付録の区切りは下線の通り。「上」「水の中」という場所の付録二つで、「水の中から立ち上がった」感じを表現しています。helplesslyは効果の付録です。

He was shocked.

A＝Bで動きを説明している文です。余裕のある時に34ページのコラムも参照してください。

The woman was probably angry.

「たぶん」という意味の効果の付録 probably が少し前に押し出されています。A＝B の文で効果の付録が押し出される時は、この位置に来るのが定番です。

Ed <u>slowly</u> looked <u>up</u> <u>at the woman</u>.

A→。下線はすべて付録。up が付いているのは、エドが低い位置から女性を見上げているためです。

She was smiling.

A＝B の形で動きを説明している文です。ニコニコとずっと笑い続けている印象。

"Hi, I'm Jane. Are you okay?" the woman asked.
聞く

A→B。I'm は I am が省略された形。あまりによく出てくる組み合わせなので、くっついてひとつの言葉になっています。台詞の中の二つ目の文は、are が前に押し出された質問。

"I'm sorry," Ed replied.
返答する

この前後を含めた三文は、すべて台詞が手前に押し出されています。asked にはこのように replied か answered（答える）で返事をします。

91

"We're fine, and that was fun!"
Jane said in a sweet voice.

A→B。こちらは We are を省略して We're です。よく組み合わせで出てくる単語はこうして '（アポストロフィー）で省略することがあります。that はこの一連の出来事の代役です。

"I think your cat likes my pie."

A→B。your cat likes my pie という文全体がジェーンの think した B の箱です。

Jane gave Ed a wink.

A→BB の「渡す」パターンです。といっても、物理的には何も渡していませんが……。

Ed didn't say a word.

……エドには十分伝わったようです。「一言もしゃべらなかった」という否定の文。矢印の否定なので、手前に置いた did に n't が付いています。

He didn't even breathe.

これも否定の文。矢印は breathe。エドは驚いて息もしていません。「〜さえ」という効果の付録 even が手前に押し出されています。

Jane was so beautiful.

A＝B。エドの驚きの原因はこれです。ここでの so は very や too よりも感情が強くこもった強調の効果です。

こうして絵を想像しながら文をどんどん読んでいくと、やがて頭の中で絵がつながって、映像のように動き出します。どんな言語でもそうですが、英語は特にテンポの速い、勢いのある言葉なので、一際鮮やかに動きます。

試しにページの右下隅を勢いよくパラパラとめくってみてください。今、読んだシーンが実際に目の前で動き出します。

化粧文の正体2

英語でもっともややこしい「化粧文」をもう少し見てみましょう。

The blueberry pies that Ed bakes are the cat's favorite pies.

このように、まるまるひとつの化粧文が that に続いて入る形を 46 ページで紹介しました。

このほかに矢印 + ing で始まる化粧文が続くこともあります。

Ed, baking pies for tomorrow, sang his favorite song.

「明日のためにパイを焼く」は全部 Ed に付く化粧文です。さすがに分かりにくいので、たいていこのように前後をコンマで挟む形で書かれています。この形の化粧文は重要であれば、前に押し出すこともできます。

Baking pies for tomorrow, Ed sang his favorite song.

これはエドが「したこと」ですが、同じ形でエドが「されたこと」が化粧文に付くこともあります。その場合は、矢印 + ed で始まる化粧文になります。

Scratched by the cat, Ed stopped singing.

こういった文は矢印がいくつもあるように見えます。しかし、英語の文は必ずひとつの文にひとつしか矢印がありません。そのことを忘れず、落ち着いて読み進めれば、どれが本当の矢印で、どれが化粧文か見えてきます。ひとつの文だけで難しい時には、前後の流れも合わせて考えれば、はっきり矢印を見分けることができます。

ここでちょっとストップ！

　英語の基本はこの五章でだいたい終わりです。深呼吸をして、まずはここまでたどり着いた自分をねぎらってあげてください。

　ここから先は英語を読む上で知っていると面白いことや、便利なコツの話になります。必ずしも読み始めに知っておかなければいけない内容ではないので、もし頭が疲れていると感じたら、一旦読むのをやめてください。ここまでで十分、英語の基本は頭に入っています。

　でも、基本の最後に、ひとつだけ付け加えたいことがあります。

　英語の文を読む時に、区切ることはとても大事です。しかし、それはあくまで文をイメージしやすくするためです。頭を悩ませるためではありません。

　そもそも二つ以上の区切り方ができる文はいっぱいあります。

Ed is in the box.

　これはA＝Bの文ですが、このin the boxはBの箱であると同時に、場所の付録だとも考えられます。

　また、こんな文もあります。

The cat ate the pie as Ed shook his head.

こういう文も、as以降の部分は「エドが頭を振っている時に」という時間の付録だと考えることもできます。
　さらに、こんな例もあります。

The cat is eating a pie.

　A＝Bで動きを説明するこの文も、is eatingでひとつの矢印だと考えると、こう区切ることもできます。

The cat is eating a pie.

　この区切り方は長い化粧文がpieに付いている時、役に立ちます。

The cat is eating a pie that Ed baked yesterday afternoon.

　ほかにも区切り方が二種類、あるいは三種類考えられる文はいくらでもあります。だから、どの区切り方が正しいかにこだわる必要はありません。
　英語は思っているよりもずっと融通の利く言葉です。あまり堅苦しく考えず、自分の読みやすい形を探してみてください。
　それでは、まだまだ英語を知りたいという余力のある方は下の休憩所で少し休んでから、ラスト三章へと進んでください！

休憩所　英語のパズルのピースはどんどん組み合わさっています。
ルールに縛られず、想像力を使うのを忘れないでください。
ほとんどの英語は、本当は辞書と想像力だけで読むことができます。

第六章

回想文

ここからは、
区切るだけでは絵が浮かびにくい、
特に想像力の必要な文を紹介します。

英語の一段深いところです。

1. 絵になりにくい文

　英語は区切るだけで、どんな文でもたいていイメージが浮かんできます。でも、それだけでは絵にならない部分もあります。それが文章に含まれている、語り手の「隠された思い」です。

　あくまで隠されたものなので、表面的な意味を取るだけなら、そんなに気にする必要はありません。でも実際の会話では、そのわずかな雰囲気の差が、言葉の印象を大きく変える場合があります。

　日本語でも文末が「そうです」「そうだよ」「そうでしょう」などに変わることで、意味は変わらなくても、雰囲気がずいぶん変わります。

　実は英語もちょっとしたことで文の印象が変わります。——といっても、英語の文末は付録であることがほとんどです。だから文末を変えても仕方がありません。

　では、どこを変えれば雰囲気が変わるのかというと、矢印です。**矢印が微妙に変化することで、文の印象が変わります。**

　例えば、おなじみの矢印 scratch も、scratched、have scratched、will scratch などの形に変化します。どれも普通に想像すれば、思い浮かぶ絵は同じものです。でも、微妙な矢印の違いを読み取ることができると、それまでは見えなかった語り手の「思い」が分かるようになります。

　ここからは矢印の変化に合わせて、絵の印象がどう変わっていくのか——その裏に隠された語り手の「思い」を覗いてみましょう。

2. 標準の文

まずはおなじみのこの一文をもう一度。

The cat scratched Ed.

いつものように猫がエドをひっかいています。

この矢印のscratchedは辞書で引くとscratchという形で載っています。しかし、ここではscratchの後ろに「-ed」が付いています。これまでのところでも、この-edは何度も登場しています。

例えばこういう文や……　　こういう文など……
↓　　　　　　　　　　↓
The cat jumped.　　**Ed called the cat "big balloon."**

どれも矢印のあとに-edが付いています。この-edは矢印の動作が「過去」の出来事であることを示しています。そして、A→Bの文の多くはこの-edが矢印に付いています。

つまり、**英語の文はたいてい過去の出来事です。**

現在は一瞬ですが、過去は無数にあります。だから英語で一番多い文が「過去」なのも、考えてみれば当たり前のことかもしれません。

この-edが付いた文は英語の中でも一番標準的で、あまり何も感情が入っていない平坦な文です。イメージした時も、含みのない、起きた出来事をそのまま絵にしただけのものになります。

 3. 回想の文

　では、矢印にhaveを付けたら、絵の印象はどう変わるのでしょう？　エドが湖で会った女性・ジェーンの過去を振り返りながら、違いを見てみましょう。

I lived in the city.
_{暮らす}

　これは矢印liveに-edを付けただけの普通の文です。しかし、この矢印の前にhaveを付けると……

I have lived in the city.

　……絵が色褪せます。
　have（has）は元々「持つ」という意味の矢印です。しかし、ここでのhaveは矢印の助手として、手前にくっついています。そうすると、その文の出来事を「思い出として持つ」ことになり、イ

メージはただの過去から「回想」へと変わります。絵が色褪せてセピア色になったのはこのためです。

そして、この文にはもうひとつ隠された要素があります。

回想では、その思い出の絵を語り手であるジェーンが振り返って見ています。「こういうことがありました」と、読み手が目にしていない過去の出来事を紹介している感じです。

I have lived in the city.

映画でも意味もなく回想シーンが入ることはありません。回想シーンが出てきたからには、必ず理由があります。**have** が付いていないなら、この文は「私は都会に住んでいた」という事実を語っているだけです。でも、**have** を付けて回想にしているからには、きっとそこに何かジェーンの含みがあるはずです。

例えばジェーンは「私は都会に住んでいた……（でももう住むことはない）」という気持ちで回想しているのかもしれません。

I have lived in the city (and I don't anymore).

あるいは「私は都会に住んでいた……（そしていつか戻りたい）」と、都会を懐かしんでいるのかもしれません。

I have lived in the city (and I want to go back).

　含みが変わると、文の印象も正反対になります。しかし、この一文からだけでは、どんな含みなのかはまだ読み取れません。「含み」は登場人物の性格、前後の状況などから想像するしかないものです。この文の含みも、もう少しジェーンのことを知るまでは、どちらか判断できない状態です。

　ほかにも、主役がIやyouではない場合の回想文もあります。

Jane has lived in the city.

　この場合、文の作者や語り手が絵を指して、読者に含みを持って語りかけてきているところを想像してみてください。

　もちろんA＝Bの文もhaveを付ければ、同じように回想になります。この場合も、含みがあるのは同じです。

休憩所　この章を一行でまとめると、こうなります。
「矢印にhaveが付いている文は、ちょっと含みのある文」
たいていは少し皮肉や嫌味が入っているか、もったいぶっています。

I have been sad.

　回想文は文章の大事なところで、おもむろに登場することが多いものです。でも、普通の文として読んでも意味は通じるので、違いを気にしすぎなくても大丈夫です。読んでいて「これは回想文だ」と気が付いたら、絵を少し色褪せさせて、文の「含み」に思いを馳せてみてください。

　きっと絵の印象が変わります。

あなたが見ていないうちに

haveに-edを付けると、hadになります。このhadも回想文の助手として使われます。よく出てくるのは物語などで、読者が見ていないところで起きた出来事を思わせぶりに読者に伝える時です。右の文ではエドも読者も見ていないところで「猫が立ち上がっていた」としています。ここでの含みは「あなたは見ていなかっただろうけど」というもので、とてもドラマチックな一文になります。

The cat had stood up.

4. 普通の文

-edの付いた過去の文と、さらにhaveの付いた回想文を見てきました。では、そもそも-edが付いていない矢印をそのまま使うと、文はどんな印象になるのでしょう？

例えば、この文の矢印には-edが付いていません。

英語では多くの矢印が-edを付けた過去の形で書かれますが、この文章がlovedという過去の形になることはまずありません。なぜならエドは過去も現在も関係なく、ずっと猫を愛しているからです。

-edの付かない矢印は、辞書に載っている形です。それをそのまま使うということは、その文の内容が**辞書に載るくらい永遠に変わらない**ことを意味しています。

そういう「変わらない」と自信のあること、「変わらないでほしい」と願いのこもったことを、英語では-edを付けずに「現在」の出来事として表現します。──額に入れて、色褪せることのない絵を慈しむように。

英語圏の人も、普通はその文が現在／過去／回想のどれか、ということを意識してはいません。こういう要素は習うのではなく、慣れるものです。ここで読んだことが頭の片隅に種として埋まります。そのうち自然に種から芽が出ますので、あまり意識しなくて大丈夫です。

I love the cat.

　いつ見ても、その絵は過去になることのない「現在」の絵です。現在として表現される出来事は、「今まさに起きていること」というよりも、時間の流れの影響を受けないものです。

　この本のstory 1やstory 2では、何度となく繰り返されているエドと猫の日常が、おとぎ話のように描かれています。こういった、いつのことか分からない——逆に言えばいつでも起きているような物語は現在の形で書かれます。エドと猫の日常は毎日、坦々と繰り返されているのです。

　絵を想像する時、そんな感覚を少しだけ覚えていてください。矢印の変化は語り手の気持ちが一番出るところです。それが読み取れると、英語はより血の通った言葉になります。

 意味のない s

主役が I でも you でも複数でもない場合、jumps、scratches のように、矢印の最後に -s あるいは -es が付いています。これは古い英語のルールの名残で、ただの慣例です。どちらも何も付いていない「現在」の文と同じものだと考えてください。

story 4 "Ed's Archnemesis"

　今回のお話は特に回想文を多く使った物語です。助手のhaveが登場するところだけ色分けしてありますので、ヒントにしてください。物語中にはエドの宿命のライバルである、大手パイチェーン店のオーナー・ジェレミーが登場します。彼の「含み」をお楽しみください。

This is Jeremy Lightfoot Jr.

　Jr. が付いているのは、お父さんと同じ名前ということです。家柄のいい家庭などで時々見られる習慣です。

He is Ed's archnemesis.
宿敵

　Ed's で「エドの」。archnemesis は直訳すれば「宿敵」になりますが、より近い意味は「ライバル」です。

He is the owner of Zombie Pies.

　読み間違いではありません。ジェレミーは本当に「ゾンビ・パイズ」というお店の社長です。

Zombie Pies is a national chain store.

全国的な

しかもそのお店は全国にチェーン店を持つ、子供に大人気のパイショップです。ホラーな見た目のパイを売っているお店です。

Jeremy has been rich his whole life.

裕福な
全部の

A＝Bの回想文です。his whole lifeで「彼の生涯全部」という時間の付録になります。読みにくければ、hasは無視してください。

He has entered the state pie contest eight times.

参加する　州立

A→Bの回想文。eight timesは「八回」という効果の付録。この文の「含み」はもう少し読み続けないと分かりません。

He has won the contest seven times.

これもA→Bの回想文。八回出場して七回勝ったということは、一回は負けたということで……。

He only lost one contest.

onlyは「唯一」という効果の付録。前に押し出されています。

Ed won that contest.

that はジェレミーが負けた「その」コンテストです。

Ed has not entered any contests since then.

A→B の回想文に、否定の not が付いています。since then は「その時から」という時間の付録。

Jeremy has been mad.

A＝B の回想文。「今までずっと（そして今も）」という含みが感じられます。

"Challenge me!" he often tells Ed.

台詞は You が消えている命令。often は「しばしば」という効果の付録。どちらも本来の位置より前に押し出されています。元々は台詞をまるごとエドに渡す A→BB の文。

"I have had enough contests," Ed smiles and says.

台詞は A→B の回想文ですが、矢印も had（持つ）なので、似たような単語が並んでいます。

"Coward! You disgust me!"

Coward は悪口を叫んだだけの不完全な文です。二番目の台詞は！が付いていますが、You が消えていないので、命令ではありません。大きな声で言っているだけです。

Jeremy shouts as they have lunch together.

as の前後は同時に起きています。後半の have は助手ではなく普通の矢印です。have lunch は「昼食を食べる」。

"Please pass me the mustard," Ed asks.

丁寧な命令の台詞なので、You が消えて Please が付いています。pass はカタカナの「パスする」から分かるように、何かを「渡す」こと。台詞の中は (A)→BB の渡す文です。

"Here," Jeremy replies.

Here は本来「ここ」という意味ですが、こうして使われる時は「ほれ」という感じになります。

It is a very usual day.

これも、Today を It という代役に置き換えた A＝B の文です。主に文の歯切れをよくするために It を使っています。

英語を見て思い浮かべる絵に正解はありません。間違いもありません。だからこの本の中でも、描かれているものと違う絵を想像しても何も問題はありません。

例えば big fat cat だって、色々なパターンがありそうです。

これも……　　これも……　　これも……　　こんなのだって……

みんなれっきとした big fat cat です。

役者だけではありません。文から想像するイメージもそうです。例えばこの文から想像する絵は、もっととんでもないものでもいいのです。

The cat hides.

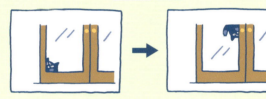

この文だってこんな想像も可能です。

Ed threw a rock at the house.

学校のテストと違って、実際の世界では英語に点数は付きません。想像力を駆使して、好きな絵を思い浮かべてください。

第七章

空想文

過去も、現在も、
ちょっと含みのある回想も、
絵にしました。

では、未来のことは
絵になるのでしょうか？

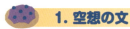

1. 空想の文

　現在と過去の文があるのなら、未来の文もありそうなものです。しかし、残念ながら未来のことは誰にも分かりません。未来のことは空想するしかありません。

　過去を回想する時は助手として、矢印の前に have が付きました。未来を空想する時にも同じように助手が付くのですが、今度はその助手に種類があります。全部で五つです。

must　shall　will　can　may

　こうして一度に出てくると、慌ててしまうかもしれませんが、これらの助手は細かく分けて考える必要はありません。絵にすると、同じ一枚の絵になるからです。

　こんな絵です。

I will ask Jane out on a date.

デート

　今は仮に will が入っていますが、ほかのどの助手を使っても絵の内容は変わりません。must でも、can でも、思い浮かぶイメージは同じです。

　エドはジェーンをデートに誘うつもりのようですが、現時点ではまだ誘っていません。あくまでエドの頭の中だけで起きている出来事なので、絵も**空想の雲**の中に入っています。もちろん過去の出来事ではないため、ask にも -ed が付いていません。

このように未来のことを空想する時、これらの五つの助手が活躍します。どれを使ってもイメージが変わらないのに、なぜ種類があるのかというと、それぞれ未来を思い浮かべている「気持ちの強さ」が違うからです。「**どのくらいその未来を望んでいるか**」の印象が変わるのです。

　たいした違いに思えないかもしれません。でも、エドにとっては大問題です。実際に助手を入れ換えてみると、エドの雰囲気がずいぶん変わるのが分かります。

I ＿＿ ask Jane out on a date.

　左から順に強く願っている未来です。右に行くに従って、気持ちが弱くなっています。左端なら間違いなくデートを申し込むでしょうが、右端ならあまり期待できそうにありません。

　今回のエドはかなり強い決意を持っているようです。

I must ask Jane out on a date.

　そしてこういう場合、エドの質問に対して、ジェーンも助手を選んで答えることになります。

"Will you go out on a date with me?" "I _____ go."

　ここでも、どの助手をジェーンが選ぶかで雰囲気が変わってきます。助手ごとのジェーンの「未来を望む」気持ちも絵で見てみましょう。ただし、下の確率はあくまで目安です。

"Will you go out on a date with me?" "I _____ go."

must	shall	will	can	may
100%	95%	90%	50%	30%
行かざるを得ない。行くしかない。	行くようにしなければならない。	かなり前向き。そうなると確信している。	ニュートラルな答え。行けなくはない。	消極的。行けるかもしれない。

助手が前に

空想文や回想文が質問になる時は、助手が目印として先頭に押し出されます。ここでは will が前に出ています。これも質問であることをすぐに伝えるための目印です。

Will you go out on a date with me?

もちろん最悪の答えはこれです。

"Will you go out on a date with me?" "I will not go."

notが付いてしまったら、どの助手を使っていても未来の確率は限りなく０％に近くなります。それほどnotは強い言葉です。

こういう会話の時は、意味よりも印象の方がずっと大事です。だからこそ、やんわりと断る場合にはnotを使わず、多少可能性が残る空想文がよく使われます。

過去の空想

空想と回想を交ぜた文というのもあります。つまり助手が二つ付いた文です。

I must have been crazy.

この文には空想の助手 must と、回想の助手 have が両方付いています。

これは空想であり、回想でもあるので、「過去の空想」ということになります。過去のことで「事実だと確信がないこと」を空想する場合に出てきます。ここではエドは「自分はおかしくなっていたに違いない」と過去を振り返っています。含みは「自信はないけど」です。

2. canは冷静な可能性

 五つの空想の助手のうち、ひとつだけ少し変わっているのがcanです。canも未来の空想には違いないのですが、ほかと比べて、語り手の気持ちがあまり入っていません。

I can ask Jane out on a date.

 ほかの助手は多かれ少なかれ、「こうなったらいいな」という語り手の希望を含んでいますが、canの場合は「可能性がある」と言っているだけで、エドがそれを「やりたい」かどうかはよく分かりません。canからはエドのやる気のある／なしは読み取れないのです。ほかの空想の助手に比べて、canはとても冷静で、客観的な確率を伝える助手です。やれるけど、やるかどうかは分からない——つまりいつも50％の確率です。

 ### 結果の出やすい空想

 canは空想しながら、すぐにその結果が出るような場合にも使われます。例えば、「猫が見えるか、見えないか」と聞かれて、目の前の猫を指差しながら「見える」と言うような時です。空想がほぼ同時に現実になっています。

I can see the cat.

　canとmayで同じ文を作った場合、canはただ冷静に「パイを焼くことができる」と事実を述べているだけです。しかし、mayからは確率は低くとも、「あるいはパイを焼くかも」という前向きな気持ちが感じ取れます。確率では負けていても、mayの方がcanよりも温かさがあります。ましてやwillやmustなら、断然印象はいいものです。

　未来の助手はいつも冷静で無表情なcanと、それぞれに温度差のある四種類の助手から選ぶことができます。でも、どれを選んでもみんな空想の雲の中。──いずれにしても、まだ起きていない未来の出来事です。

shall はあまり使わない

shall はアメリカ英語ではほとんど使われなくなっています（イギリスでも若者はあまり使いません）。相手に「〇〇するべき」と押し付ける強制力がある言葉だからです。shall を使うと、命令の文でなくても、命令のように聞こえます。このため、ファンタジーなどで、天からの声に使われたりはしますが、日常会話では親が子供を叱る時ぐらいにしか出てきません。
ただし、次ページに登場する弱バージョンの should に関してはそこまで強い強制力がないので、時々耳にすることがあります。

こういう性格の人の場合、使うこともあります。

3. 弱バージョンの空想

空想文はこのように不確かな未来のことを告げる場合に使われますが、さらに言い方をやわらかくする方法があります。それは空想文に使われる助手を「弱バージョン」に換えてやることです。

例えば、こんな感じです。

I might go on a date with Jane.

このmightという助手は、mayの弱バージョンです。元々のmayの「〜するかもしれない」というあまり強くない空想を、さらに「もしかしたらするかも」ぐらいのごく弱い空想にしています。

このように、空想文の助手にはそれぞれ「弱バージョン」があります（ただしmustだけは100%なので、弱めることができません）。

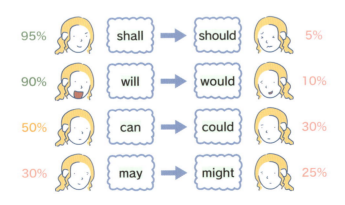

相手に気を遣っている時など、弱バージョンを用いると、言い方が日本語の敬語のように丁寧になります。ただしその分、よりいっそう未来の可能性は減ります。確率はあくまで目安ですが、元の確率が高いほど、弱バージョンの確率が大きく下がる傾向があります。

未来に関する質問は、だいたいこちらの弱バージョンが使われます。Will you date me?は、Willという確率の高い助手を使っているため、強く自信のある印象ですが、少し押し付けがましく聞こえます。

Will you date me?

その点、Would you date me?は押しは弱いですが、自ら確率を下げることで、相手への配慮が感じられます。

Would you date me?

目上の人や、親しくない人に何かを尋ねる時には、こちらの弱バージョンの助手を使うことが多くなります。そのため、大人の会話での空想文は、たいてい弱バージョンです。むしろ、大人にとってはこちらが標準の助手だという印象さえあります。

誰しも若い時は未来を語ることにためらいがありません。そのため、willのような確率の高い助手を使うこともできます。でも、年を取れば取るほど未来のことを強く断言する自信がなくなっていきます。

　助手の弱バージョンはその時のために用意された、人生の甘酸っぱさを知っている大人の言葉だと言えるかもしれません。

弱バージョンは過去のもの

助手の弱バージョンは本来それぞれの助手に -ed を付けた過去の形でもあります。でも、物事は過去になればなるほど印象が弱くなっていくので、まずは単純に弱いバージョンだと考えてください。

4. 条件付きの空想

　最後にひとつ、空想文だけに付く、特殊な付録を紹介して終わりにしましょう。

　「if（もしも）」で始まる付録です。

　付録は通常「時間」「場所」「効果」の三つだけですが、このifで始まるのは「条件」の付録です。めったに出てこないし、形も決まっているのですぐに判別できます。

　これは「もしも○○なら」という「条件」が満たされた場合、空想が現実になる、という変わった文です。

この章を一行でまとめると、こうなります。
「have以外の助手が付いていれば、すべて空想の雲の中」
どうしても意味がつかみにくい場合は回想文も空想文も、助手を消して考えてください。それでもだいたいの意味は通じるから大丈夫です。

If Jane says yes, Ed will be happy.

　この文での条件は、「もしジェーンが『はい』と言えば」です。それが起きた時、残りの空想文が初めて現実になります。——つまりエドが大喜びします。この条件が満たされた場合、エドは確実に幸せになるので、可能性の高いwillが使われています。

　さらに、「条件」は空想文の前にも後ろにも付きます。

This story will continue, if Ed has the courage.

　こちらの空想文が実現する条件は「もしエドに勇気があれば」です。エドにジェーンをデートに誘う勇気があるなら、あるいはエドの恋物語はまだ続くかもしれません。

　条件はほとんどの場合、ちゃんとした文章になっているので、andやbutのようにifでつながった二つの文にも見えます。そう捉えても、問題はありません。

　haveによる過去の回想。そしてwillなどによる未来の空想。助手を使ったこの二つの形が、絵の印象を色々と変化させます。それを小さな違いにするか、大きな違いにするかは、読んでいる側の想像力次第です。

story 5 "Fight for the Future"

 "I will defeat^{負かす} you!"

"Can you?"

 "I can and I will!"

"You might."

 "No, I must and I shall!"

エドとジェレミーがケンカをしています。助手の力を借りると、こんなスピード感のある会話が可能です。ジェレミーが最初に出した矢印「defeat（負かす）」を二人とも何度も使い回して、それに付ける助手だけでやり取りをしています（すべての文は本来助手のあとに「defeat you（me）」が付きます）。
さらに矢印をwin（勝つ）に変えて、ケンカは続きます。

 "I have won in the past.^{過去}"

"You won't^{will not} this time."

 "I will."

"You can't^{can not} and won't. I will!"

 "Let's do it!"

第八章
最後のひみつ

文章をよく見て区切ること。
そして、想像力を働かせて絵にすること。
この二つができるようになれば、
英語を読む準備は完了です。

最後に、とても大事なことをお伝えします。

読み始めに一番大事な、
英語を読むために不可欠なコツです。

1. 単語の数

　本格的に英語を読み始める前に、知っておいてほしいことがあります。それは英語に慣れた人は多かれ少なかれ、分からない単語をとばしながら読んでいるということです。よほど英語を知っている人でも、長い文ならいくつかの単語はとばして読みます。

　なぜなら英語はあまりにも単語の種類が多いからです。

例えば日本語ではこれも……

これも……

……これも「歩く」です。

　しかし、英語ではこれらの動きは全部違う言葉で表現されます。

　日本語だと「歩く」「とことこ歩く」「ダラダラ歩く」などのように手前に何かを付けて表現されるだけの違いにも、英語ではそれぞれwalk、trot、trudgeと別の単語がひとつずつ用意されています。

walk　　　　　trot　　　　　trudge

だから「歩く」という動作だけでも、英語にはこんなにたくさん単語があります。

これでもまだ一部です。この似た単語の多さが英語の大きな特徴のひとつなのですが、だからといって知らない単語に出会う度に辞書を引いていたら、英語圏の人でも疲れ切ってしまいます。

単語を「とばす」のは、それが大きな理由です。

2. 決まり文句とスラング

ほかにも、とばすことが必要な理由があります。——それは、英語には「決まり文句」があるからです。

決まり文句は、辞書に載っている言葉の意味を知っているだけでは理解できない表現です。その言葉が持っている「隠された意味」と言ってもいいかもしれません。日本語ではことわざが代表的な例です。「焼け石に水だよ」と言われても、日本語の初心者にはなんのことかまったく分かりません。

like water on a burning rock

　こういった「知っている人しか意味が分からない言葉」が決まり文句です。
　さらに決まり文句の中には「スラング」と呼ばれるものがあります。辞書に載っていない若者言葉や隠語、業界用語、放送禁止用語などです。英語圏に住んでいれば、いずれも日常で頻繁に耳にするものばかりで、特に小説の台詞にはよく出てきます。
　試しにエドがこれから、よく知られているスラングを一言つぶやきます。この意味を想像してみてください。

That sucks.
（吸う）

　ふりがなにある通り、sucksという言葉は「吸う」という意味ですが、それだけではこの台詞の内容は想像が付かないと思います。

それも当然で、この文は「何かがsuckする」と書いて、「最低だ」という意味の決まり文句です。大変有名であるにもかかわらず、英語圏の人でも語源がよく分からない表現なので、なぜそういう意味になるのか説明することもできません。

　決まり文句は、何回も見かけているうちに「たぶんこんな意味かな」と見当が付くようになってきます。しかし、それまではとばすしかないものです。これは英語に慣れた人でも同じです。日本語でも知らない新しい言葉がテレビで流行っているのを聞いたことがあると思います。

　決まり文句は時代と共に移り変わっていきます。新しいものもどんどん生まれ続けるので、一覧にして覚えても意味がありません。逆に言えば、読んでいてまったく意味が通らないところがあれば、それは決まり文句である可能性が高いと考えてください。

3. 一番大事なこと

　こういった特性のために、英語を読むのがいやになってしまうこともあります。でも、それはあまりにもったいない話です。だから、分からない部分に出会った時のために、心に留めておいてほしい一番大切なことを伝えておきます。

　分からないところはあっていいのです。「分からない」ことを自分に許すことで、英語はずっと楽に読めるようになります。

　そうして、どうか**とばす勇気を持ってください。**英語を読む時に、この「とばす」技術は不可欠です。特に化粧品や付録であれば、分からない単語はどんどんとばすべきです。主役や矢印であっても、辞書を引く前に一回はとばしてみてください。その時は分からなくても、あとになってから流れで分かることもあります。

　それでもやはりとばすことに抵抗がある人もいると思います。確かに例文が一行だけ載っているような状況では、単語をひとつでも

とばすと内容が分からなくなることはありますが、長い文なら、少しくらい「とばす」ことは問題になりません。ひとつや二つ分からないところがあっても、流れで読むことができるからです。

　例えば、この抜けているコマの間に何があったかを想像で補ってみてください。

　そうです。こんな感じの絵が入ります。

　これは前後の流れと、登場人物に対する知識があるから分かるものです。この絵だけを抜き出して、しかも動きの部分を隠してしまえば、まったく何も想像できません。

　長い文章であれば、分からないところもある程度想像で埋めていくことができるのです。

実際、すべての文章にはわざとむだな部分が入っています。映画やテレビと違って、文章は見る人の「時間」をコントロールできないからです。特に小説などの物語では、「間」の役割のために入っている文章も多く、意味がはっきり分からなくても、目で文字を追うだけで、読んだのとほぼ同じ効果が得られることがあります。

　例えばこういうシーンがあったとします。

【例1】
エドは背後に何か恐ろしいものの気配を感じて凍り付いた。胸騒ぎがする。振り返ってはいけない。そう自分に言い聞かせたが、どうしようもなくその気配に引き付けられていく。エドは息をのみながら振り返った。

　この文章の薄い赤色の部分をまるまる消したとしても、エドの動作や物語の進行は変わりません。エドが振り返るまでの時間の経過を表す「間」がなくなるだけです。代わりにその「間」の部分を音楽の休符で埋めてみます。読む時に休符のところも文字として目で追ってみてください。

【例2】
エドは背後に何か恐ろしいものの気配を感じて凍り付いた。𝄽𝄽
エドは息をのみながら振り返った。

　休符をちゃんと目で追うと、最初の文章を読んだ時とそんなに大きくイメージは変わらないはずです。

　文章はこういう形で「間」を作り出しています。その「間」は文そのものを理解できなくても、文字に目を通していくだけで十分機

能を果たしています。だから、大きくとばしたとしても、文字を目で追っていれば、だいたいの状況は分かることが多いのです。

　逆に、あまり細かいところにこだわりすぎると、流れができず、絵が浮かんでこなくなります。だから、分からない単語をとばすのはもちろん、場合によっては文をまるごと、時には大きなひと固まりの文章を全部とばしてでも、流れをつかむことを大事にしてください。

　決して「急いで読む」という意味ではありません。ゆっくり、自分のペースで読んで大丈夫です。ひとつの文の解釈で何分も悩み込んだり、辞書を引きすぎて疲れるようなことさえなければ、十分に流れはつかむことができます。

　そして、一旦流れに乗ると、英語を読むのはとても楽になります。

4. 辞書を引くコツ

　日本語の本でも分からない単語が出てくることはありますが、その度に辞書を引く人はあまりいないと思います。英語でも同じです。

　もちろん辞書を引くのはよいことです。重要な単語の意味をひとつ知っただけで、急に全文が読みやすくなることもあります。でも、引きすぎるといいことはありません。辞書を引くちょうどいいバランスは人それぞれ違うので、まずはそのバランスを見つけることが読み始めの目標だと考えてください。どこをとばすか、どこをしっかり調べるか――そのバランスが見つかった時、気楽に英語を読めるようになります。

　とはいえ、読んでいる途中でバランスを失うこともあります。そんな時は「自分が楽しいと思っているかどうか」を基準に考えてください。楽しくなくなるほど辞書を引いているなら、その本は未来

この章を一行でまとめると、こうなります。
「分からなくても大丈夫。とばして先へ進もう」
英語を学ぶ時に、案外教わらない、一番大事なコツです。

の自分に譲って、別の本を探した方がよさそうです。ただ、とばしてでもなんとなく意味がつかめそうなら、そのまま読み進めることをおすすめします。

「とばす」ことは技術です。英語をある程度知っていなければ、とばすことはできません。とばして読むことができるというのは、何よりも英語の区切りが分かっている証拠です。

ここまでのすべての内容は、どこを「とばす」のかを知るための練習だといっても大げさではないくらいです。A→Bが分かれば、どこが文の中心で、どこが飾りかが分かります。そうしたら、飾りのところは気軽にとばすことができます。逆にとても小さな要素なのに、とばすと意味が変わってしまう目印や小道具も見分けられるようになります。

回想文や空想文を知っておいてほしいのは、むしろそれが何か分かった上で、いざとなったら普通の文として読んでいいものだと思ってほしいからです。難しく感じたら、助手はとばしてください。それでも十分に文をイメージすることができます。

そうしてとばしながらでも、まずは英語を読んでみてください。分からないところがあるのは当然です。分からないところがあっても、英語は読めます。

つまずくよりも、どうか分からないところを颯爽と飛び越えていってください。色鮮やかなイメージをたくさん想像して、めいっぱい英語を楽しんでください。

それが一番、英語の英語らしい読み方です。

story 6 "A Pie for the Cat"

とばす練習のために、少し難しい文章で書かれた物語を用意しました。薄い赤色のところはすべてとばしても大丈夫です。どのくらいとばしても英語が読めるのかをぜひ体感してみてください。

Jeremy set the pie on the floor and stepped back. **He hid** behind the counter **and waited.**

"What are you doing?" Ed asked him.

Jeremy raised his hand and said to Ed, "Quiet! The cat is coming."

The cat silently **came** around the counter. Slowly, **it walked toward the pie. Jeremy waited** in silence. His heart was beating fast. Maybe, this time, **the cat will** finally **eat his pie.**

He sat there **feeling the time** pass painfully slow. After an endlessly long wait, Jeremy decided to take a look.

He stepped out from behind the counter **and froze. The pie was still there, and the cat was gone.**

"NOOOO!" Jeremy screamed. "Why don't you ever eat my pie!? This was my seventh try!"

"Good luck next time," Ed said with a smile.

これでもまだ読む部分が多すぎるくらいです。もっともっととばしても、物語の内容はだいたい分かります。

極端なことを言えば、このくらいでも十分です。

Jeremy returned the next day. **He had ten pies** in his arms. There were many different kinds of fruit pies along with cheesecakes and cream pies.

"I will succeed this time!" Jeremy said to Ed. "The cat shall eat my pies!"

Jeremy hid behind the counter again. He waited for the cat to appear as he arranged the ten pies in a straight line on the floor. He chuckled. The pies smelled so good. No living animal could possibly refuse them.

Soon, the cat came out of the kitchen. Ed usually didn't allow the cat in the shop, but he felt sorry for Jeremy. And besides, he too was curious.

So he watched as Jeremy mumbled, "Eat it, eat it. You stupid animal. I know my pies are better. Now prove it to me."

The cat walked toward the line of pies and briefly glanced at the blueberry pie. But then, it simply jumped over the pie. The cat seemed annoyed that there was garbage on the floor. Jeremy dropped to his knees.

He had **failed again.**

5. お話を読んでみる

　これで最後の物語です。ここまでに出てきたすべての要素が入っています。

　物語のあとには、難しい文だけを抜き出した解説が載っていますが、できれば最初はそれに頼らず、全文を読み通してほしいと思います。知らない単語は前後の流れから想像したり、挿絵から推理してみてください。そして、分からないところがあれば、どうか迷わずとばしてください。

story 7 "Through the Cat Door"

This is a cat. It has no name.

Many people have tried many names. But the cat is still "Cat."

It lives in Ed's house. The house has a special cat door. Every evening, the Cat goes out the door.

It walks around the neighborhood and searches for intruders. It scratches trees and jumps on rooftops.

Every day, the Cat repeats the same journey. Even in rain, thunder, or snow, the Cat always patrols.

Usually, everything is okay.

But sometimes, there is an intruder.

This time, it is a striped tomcat.

Stripes hisses. It dashes toward the Cat. Stripes raises its tail and stretches its back. Its paws turn into sharp claws.

But the Cat just watches.

Stripes becomes nervous. It curls its back and jumps at the Cat. The Cat swats Stripes with one paw.

Stripes tumbles onto the ground and runs away with its tail between its legs.

The Cat starts to walk away but hears a sound. It turns around. Behind some trashcans, something is moving. One trashcan is toppled over, and trash is on the sidewalk.

135

The Cat approaches the trashcan. It is ready to attack. But at the last moment, a small kitten shows its head.

A small piece of cheese is under the kitten's paws. It tries to hiss, but fails. It is too scared.

The Cat looks down at the kitten. The kitten is thin and small.
細い
It is protecting its only meal.
食事

The kitten curls up in fear and hisses softly. The Cat just walks past the kitten.

Today's patrol has ended.

The Cat sits in front of the house and watches the road. A lot of Long Legs pass by.

Long Legs are all strange. They don't have territories and they
なわばり
never hunt.
狩る

The Cat knows some of them. This is the stupid one. Its breath
アホな
stinks.
臭う

That is the new one.

It was at the lake. It smells sad. Maybe it didn't find any food today.
たぶん

The sun is a beautiful orange as it goes down below the world. The Cat yawns. It is time to go home.

The Cat walks through the cat door. A familiar Long Legs greets the Cat. He smells like blueberries.
知っている　迎える
〜のような

Blueberry Long Legs tries to hold the Cat. The Cat promptly scratches him. Blueberry Long Legs sighs, and sets a bowl in front of the Cat. He always puts this bowl here.
即座に

Strange. Maybe Long Legs eat pebbles. (小石)

They really don't understand cats. Cats are hunters. Cats need to hunt. Cats get their own food.

The Cat's stomach (おなか) is full and it is ready to sleep now. It slowly walks to its sleeping place, but notices the bowl of pebbles.

It takes the bowl outside.

And leaves it.

The day is over. The Cat curls under the bed, and closes its eyes.

Tomorrow, it will go through the cat door again. But, until then, it will sleep at the Long Legs' side.

THE END

"Through the Cat Door" 三色辞典 & 解説

● 134 ページ

It has no name. A→B
It は cat の代役。「no name を持っている」と書いて、「名前を持っていない」。

Many people have tried many names. A→B
回想文。ここでの含みは「それでも決まらなかった」。

But the cat is still "Cat." A＝B
二度目の Cat が大文字なのは、このままで猫の名前だという暗示。台詞以外でも、名前や題名などが登場する時に "" が使われることがあります。

● 135 ページ

Even in rain, thunder, or snow, the Cat always patrols. A→
patrols を飾る長い効果の付録が前に押し出されています。

This time, it is a striped tomcat. A＝B
主役の it は intruder（侵入者）の代役です。

Stripes hisses. A→
縞模様の猫なので、仮に Stripes と呼ばれています。

Its paws turn into sharp claws. A→
Its は「縞猫の」。本来なら It's と書くところですが、それだと It is の省略にも見えてしまうため、Its になっています。ここでの turn は「曲がる」というよりも「変化する」。turn について詳しくは巻末の矢印辞典（236p）を参照。

Stripes tumbles onto the ground and runs away with its tail between its legs. A→ and (A)→
onto は on と to がくっついた小道具。with 以下は走っている様子を詳しく見せる長い効果の付録です。

It turns around. A→
こちらの turn はもっと基本的な使い方。around と合わせて「振り返る」。

One trashcan is toppled over, and trash is on the sidewalk. A＝B, and A＝B
over は日本語に訳しにくい場所の付録で、何かの上空を弧を描いて通過するようなイメージの小道具です。色々な使い方がありますが、ここではごみ箱をひっくり返す動きとして使われています。

● 136 ページ

But at the last moment, a small kitten shows its head. A→B
「（猫が飛び付く前の）最後の瞬間」という時間の付録が前に押し出されています。

It is protecting its only meal. A＝B
meal は食事の中でもささやかなものに使われます。B の箱は「自分の食事を守ること」。

A lot of Long Legs pass by.　**A→**
　lot は「たくさん」。人間は猫から見ると Long Legs に見えるのでしょう。by は単独で使われる時は脇を示す場所の付録になります。pass by で「横を通り過ぎる」。
This is the stupid one.　**A＝B**
　one は Long Leg の代役。

●137 ページ
That is the new one.　**A＝B**
　上の This と That の違いは主に距離です。手の届く範囲のものを this、指差すような距離のものは that を使います。
It was at the lake.　**A＝B**
　猫から見ると人間の性別など無意味です。従って、ここでは人間の代役も It になっています。ただ、性別が分かる程度に親しい人間もいるようですが。at the lake は場所の付録と考えても構いません。
It smells sad.　**A→B**

　猫は視覚よりも嗅覚に頼ります。It は Jane のこと。
It is time to go home.　**A＝B**
　「今は○○時」などのように時間を示す文章は慣例で It を主役に使って書きます。ここでの B の箱は「帰る時間」。
The Cat walks through the cat door.　**A→**
　through は「通り抜けて」という小道具。
Blueberry Long Legs sighs, and sets a bowl in front of the Cat.　**A→**, and (**A**) **→B**
He always puts this bowl here.　**A→B**
　set と put は両方「置く」です。違いは矢印辞典（228-229p）を参照。

●138 ページ
Maybe Long Legs eat pebbles.　**A→B**
　Maybe は効果の付録。強調のために一番前まで押し出されています。
They really don't understand cats.　**A→B**
　They は Long Legs の代役。否定の文です。
The day is over.　**A＝B**
　ここでの over は「一日」が世界の上を越えていったイメージです。
Tomorrow, it will go through the cat door again.　**A→**
But, until then, it will sleep at the Long Legs' side.　**A→**
　この二つの文は両方、時間の付録が前に押し出された空想文です。until then は「それまで」。

140

あとがき

矢印の向こう

英語はなぜ、前にあるものほど大事なのでしょう。
なぜ矢印はいつも右を向いているのでしょう。
なぜ現在の矢印は、永遠を意味するのでしょう。
そして、なぜ未来を空想するための助手は五つもあるのでしょう。

英語は明るい言葉です。
今日を大事に、明日を信じて、前へ前へと進む言葉です。

そんな英語を読むには、いつでも前を向いていることが大事です。
笑顔で、前を向いて、いつも未来を空想していてください。

ここまで『ビッグ・ファット・キャットの世界一簡単な英語の大百科事典』に付き合ってくださって、ありがとうございました。

　この本は一旦ここで終わりです。

　でも、英語はまだまだ続きます。分からないところは、まずはとばしてください。想像力で埋められるものは埋めてください。そのためのコツはもう十分知っているはずです。あとはゆっくり読み続けていけば、英語は自然に身に付きます。この先で新しい疑問が出てきても、それは英語に触れ続けていれば、必ず自分で解決できるものです。

　でも、読むのはそれでいいとして、聞いたり、話したり、書いたりするのはどうすれば――と、思っているかもしれません。当然の疑問です。

　最後に、この疑問に答えたいと思います。

　聞くためには、その文を目で見た経験が必要です。見たことのある文は聞き取ることができます。聞き取りにくい歌でも、歌詞を見ながら聞けば耳に入ってくるのと同じです。

　たくさん読んだあとで、今まで聞き取れなかった洋画を観てみると、あっちこっちのフレーズが少しずつ耳に入るようになっています。英語の字幕を表示した状態なら、さらに聞き取れるはずです。

　そうやって読むこと、聞くことを続けていれば、自然と英語で言葉が浮かぶ瞬間が出てきます。何度も聞いた歌がつい口から洩れ出すように、ずっと英語に接していると、必ず自分でも英語が使いたくなってきます。

　海外旅行や英会話教室に行くなら、このタイミングが一番です。頭の中に英語の文のストックがいっぱいある状態で英語を話すと、面白いように言葉やフレーズが溢れ出してきます。

　とはいえ、日本ではなかなか英語を話す機会がありません。そんな時は、書くことに挑戦してみるのもひとつの方法です。書くことはどうしても一番大変です。英語圏の人でもちゃんと英語が書ける

ようになるには、何年もかかります。

でも、書くために難しいルールブックとにらめっこをする必要はありません。たくさん読んでいるだけで、英語のルールは無意識に頭に入ってきます。──「書けそうな気がする」と感じたら書いてみてください。それは溜め込んだ英語が溢れ出している証拠です。

英語はこの読む／聞く、話す／書くの順で覚えていくのがもっとも確実で簡単です。いっぺんに読み、聞き、話し、書くことをしようとすると、大変なことになります。これは学校で英語を習ったことがある人なら、よく知っていることだと思います。

まず、読むことです。

今はインターネットのおかげで、誰でもどこでも好きなだけ英語を読むことができます。各国の新聞も、名作小説も、まるごと無料で読めるサイトがあります。エッセイも、物語も、コミックも、いくらでも見付かります。

なんでも構わないので、どんどん読んでください。

文章をイメージに換えて、身体の中に吸収してください。吸収すればするほど、英語はできるようになります。

ただ、ひとつだけ気を付けてほしいことがあります。それは最初に読むための「ちょうどいい難易度の英語の文章」を見付けるのは案外難しい、ということです。英語の学習で一番挫折しやすい段階があるとしたら、この時だと言っていいくらいです。

だから、今回はちょうどいい難易度の本を一冊、このあとに付けておきました。すでにおなじみの設定とキャラクターが出てくる物語です。一般の英語の児童書ぐらいの難易度で、ここまで読んできた人なら、ところどころとばせば読み終えることができるものです。

少し難しく感じるかもしれません。でも、あえてあまり簡単にはしていません。迷ったり、とばしたり、何度も読み返したりといった英語の醍醐味も味わってほしいからです。

物語のあとには三色に色分けした辞典と解説が付いていますが、

できれば最初は自分の想像力を頼りに読んでみてください。疲れて
きたら、一旦本を閉じて休憩したあと、この本の最初に戻ってもう
一度読み返してみてください。余裕があったら CRUMBLES の黄
色いコラムをいくつか読むのもおすすめです。二周目でしか気が付
かないことも色々見付かると思うので、にやりとしながら読み返し
てもらえると思います。

　そして、また英語が読みたくなったら、物語に戻ってきてくださ
い。焦ることはありません。何度でも行ったり来たりしながら、英
語の世界を楽しんでください。

　そうして物語を最後まで読み終えることができたら、どうか自信
を持って先へ進んでください。とばしとばしでも、分からないとこ
ろがあっても構いません。少しでも読んでいて「楽しい」と感じた
のなら、だいじょうぶ。間違いなく、英語が読めています。バラバ
ラだったパズルのピースは確実にひとつになりつつあります。

　そこから先にはいくつかの選択肢があります。——もう少しエド
と猫の話を読んでみたい方には、ビッグ・ファット・キャットの物
語シリーズがほかにも刊行されています。248ページに一覧が載っ
ていますので、そちらに進むのをおすすめします。

　もっと別のものを読みたい方は、205ページからブックガイド
が始まります。この本のあとに手にするのにちょうどいい本ばかり
が載っています。それを参考に、新たな一冊を選んでください。

　あるいは少し英語に疲れてしまって、休みたくなるかもしれませ
ん。いい本が見付からなくて、歩みを止めてしまうかもしれませ
ん。——それでも構いません。暗記したものは何週間か経てば忘れ
てしまいますが、イメージとして想像したものは何ヶ月経っても、
何年経っても忘れることはありません。あなたに寄り添う一匹の猫
のように、どこまでも付いてきます。だから一生の友達ができたつ
もりで、どうか気長に、末永く英語を続けてください。

　残念ながら一週間や一ヶ月で完成するほど、英語のパズルは簡単

ではありません。でも、数ヶ月あれば驚くほどパズルのピースがはまっていきます。半年あれば、パズルの絵がだいたい見えてきます。

英語の矢印は必ず右を向いています。いつも次のページを──まだ見たことのない世界を指しています。だから新たなページをめくって、先へと進んでください。

矢印の向こうには、いつだって未来が広がっています。

Good luck and happy reading!

2017年3月
向山貴彦とBFCスタッフ一同

A NEW STORY IN THE BIG FAT CAT SERIES

Big Fat Cat
AND THE
LOST PROMISE

BFC BOOKS

Takahiko Mukoyama
Tetsuo Takashima
with studio ET CETERA

Pies.

Blueberry pies.

※本文中で★が付いているところは決まり文句です。

– 1 –

So sweet. So beautiful.

But I dropped them.
落とす

(エドのあだ名)
"Eddie. Don't cry. Everything is okay," mother said.

She was smiling.

A girl was standing behind her.

"Eddie," she said, "Look at me!"

He looked.

The girl covered her face with her hands...

...and then opened them.

Her face was so funny. Ed stopped crying.

He laughed and laughed.

— 2 —

Ed Wishbone woke up in his pie shop. He was still laughing as he fell off his chair.

"Lame," a boy said.

Ed looked up. It was Willy. He was a neighborhood kid. He often came to Ed's pie shop in the morning. But he never ate pie. He just drank chocolate milkshakes.

"Chef, wake up," Willy said to Ed. "You were dreaming."

Ed stood up and scratched his head. He pointed to the pie counter.

"You want some pie? It's really good."

Willy shook his head.

"No thanks. Pies are old people's food."

He sipped some chocolate shake and added, "They smell like old people's houses."

Ed sighed and patted a box of pie.

"I'm delivering pies to your school today," he said with a smile. "It's bake sale day!"

Willy shrugged.

"Yeah, great. Give me a ride to school."

Ed frowned. He thought everyone liked bake sales.

"You don't like bake sales?" he asked.

Willy repeated, "Just give me a ride."

Ed sighed again but nodded.

"Okay. Sure. But don't go near the cat," Ed said as he pointed outside. The cat's face was pressed against the window. "The cat is on a diet. And it is very angry."

The cat growled. It was staring at the ten pie boxes on the table.

Willy mumbled, "Cool."

— 3 —

Thirty minutes later, Ed parked his car by the school. He stepped out and opened the rear door. There were ten boxes of pies on the back seat. He looked around suspiciously.

Willy slid out of the passenger seat. Ed was taking the boxes out of the car. He was still looking around.

"What?" Willy asked.

"The cat might be here," Ed answered, and glanced under the car.

"You're paranoid," Willy said as they walked to the school. "Relax. We're a long way from your shop."

— 4 —

Ed walked up the stairs, down a long hallway, and opened the doors to the lunchroom. He stood there in surprise.

The smell of food was in the air. Cupcakes, cookies, donuts, banana breads, and pies... Handmade booths filled the room. Kids were running around and parents were chasing them.

The school bake sale was still the same.
Except for this.

A man in a devil costume was hiding behind a booth.

"Jeremy, what are you doing here?" Ed asked in a flat voice.

The man stepped out of the shadows. It was Jeremy Lightfoot Jr., Ed's archnemesis.

"I'm operating a booth," Jeremy replied.

"You're a professional baker! You own a national food chain! You can't open a booth in a school bake sale!" Ed shouted.

But Jeremy just smirked.

"I'm rich. I need to waste money. Besides, you're here too."

Ed cleared his throat.

"I'm just delivering these pies," Ed said and looked around. "I need to find a teacher."

"That's the woman in charge."

Jeremy pointed at an empty booth nearby. A woman was lying on the table with a towel over her head.

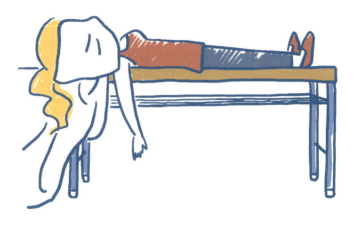

"What happened?" Ed asked.

At that moment, four boys ran by Ed and Jeremy. They were jumping and shouting.

"That happened," Jeremy pointed to the kids.

Ed silently approached the woman as the kids kept running around. He took a deep breath and said to her, "Uh... Excuse me..."

No answer.

Ed gulped. He reached for the towel. At that moment, the woman's hand grabbed him. She jumped off the table.

"Dennis! I told you to—!"

    The woman stopped. She blinked in surprise. Ed blinked back. It was Jane, the woman that Ed met at the lake.

    "Hi," Jane said in a daze.

    "Hi," Ed replied with a smile.

    Jane realized she was still holding Ed's arm. She released it and apologized.

    "I'm so sorry! Are the pies okay?"

    "Sure. They're fine. Did you... order them?" Ed asked hopefully.

    Jane shook her head.

    "No, I'm afraid not."

    "Oh... I thought..." Ed started to say something but stopped.

    "If you could wait here, I will go and ask at the office," Jane said.

    "Thanks, that would be great," Ed replied.

    As Jane headed for the door, Ed suddenly said, "Jane?"

    She looked back.

"Do you remember me?" Ed asked.

She blinked and then smiled.

"Of course I do!" she said, and went out the door. Ed felt relieved and set the pies down on the empty booth.

While he waited, he kept looking at the booth. It was just like his mother's old booth. He could almost see his mom and a nine-year-old himself inside it.

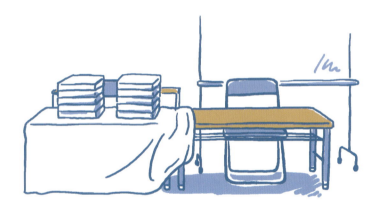

A few minutes later, Jane returned.

"I'm sorry. Nobody ordered any pies," she said.

"That's strange," Ed said, scratching his head.

"I'm really sorry," Jane replied. "Maybe it was a prank. I can buy a few…"

Ed was still staring at the empty booth. It was directly in front of Zombie Pies. He looked at Jane and asked.

"Can I borrow this booth?"

"Just delivering pies, huh?" Jeremy said in a sarcastic voice as he walked by Ed's booth.

Ed cleared his throat as he wrote the price for his pies on the whiteboard. Jeremy took out his phone and spoke to someone.

"This is Zombie King. I changed my mind. Bring in the whole set."

A voice from the phone said, "But Mr. Lightfoot, sir—." Jeremy cut off the call. He smirked as he walked away. Ed couldn't help giving a wry smile.

The bake sale had started thirty minutes ago. Most of the kids had run straight to Zombie Pies. Ed had barely opened his booth five minutes ago. Nobody had visited his booth yet, but he was happy.

He had bought some plastic cups, forks, paper plates, and bottles of lemonade at a store in the neighborhood. His mother always served free lemonade at the bake sale. It was just like thirty years ago.

Jane was helping at the faculty booth. Ed glanced at her, and she noticed and smiled back. He sighed. She was so beautiful.

Ed slowly reached under the table. A pie box was hidden there. He had made a blueberry pie with a special message on it. He opened the box and peeked inside.

"You like her, don't you?"

Ed winced. He looked behind him. Willy was standing there. He gestured his head toward Jane. Ed hid the special pie, but he knew Willy had seen it.

He looked at Willy, and Willy shrugged. Ed sighed, scratched his head, and said to Willy, "I had a neighbor named Ms. Wilkes when I was your age. My mother and Ms. Wilkes did bake sales together."

Willy said nothing. He stood at the edge of the table and took a cup of lemonade. Ed continued, "Ms. Wilkes had a daughter. Her name was Ann. She made awesome funny faces. They were so great! We used to laugh so much."

"You liked her," Willy said and drank some lemonade.
Ed nodded.
"I promised her that I would bake her a pie someday."
"Did you?" Willy asked.

"Well, I did," Ed answered. "Many times, actually. But she was so popular. She was always surrounded by friends. I never had the courage to talk to her. And... you know... middle school doesn't have bake sales."

Ed finished speaking and glanced at Jane. She was busy at the faculty booth. He closed the pie box and pushed it under the table. Willy didn't say anything. He emptied the lemonade and threw the cup into a trashcan. Then, he started to walk away.

He stopped once and said over his shoulder, "You need a stronger message."

With that, he was gone.

"Kid has a point," Jeremy said as he stepped out from behind the whiteboard. Ed almost fell off his chair.

"You were listening!?" Ed exclaimed.

"I heard nothing," Jeremy said, and left.

— 6 —

The pies were sliced and placed in boxes. A few customers had come. Zombie Pies was surrounded by kids, but Ed was enjoying a peaceful bake sale. Jeremy glared at him several times but Ed ignored him.

Jane was chasing after a boy again. She was always running around, laughing, shouting, and sometimes tripping and falling down. Ed loved her energy. He looked down at his secret pie but it only made him sad. He still didn't have enough courage.

Everything is okay, Eddie.

Ed lifted his head and looked to his side. He thought that he heard a voice. But there was only an empty chair.

Eddie, it's okay.

He heard the voice again. His mom always told him "Everything is okay." And it was usually true. That time he dropped all his mom's blueberry pies, she scooped them into a cup and sold them as "Pie in a Cup." It was the number one hit of the bake sale that year.

He looked down at his blueberry pie. It was originally his mom's recipe. His mom was long gone, but the pie was still here.

"I wish you were here, mom."

He said to the empty chair just before Jane's voice rang out. A boy with a ketchup bottle was running down the aisle. Jane was running after him. She was shouting, "Dennis! Stop right now! Give me that ketchup!"

The boy giggled as he splattered ketchup on the floor. He circled a booth and came running back. Jane ran with him. Ketchup dripped from her hair. She looked like a murder victim.

Then the boy slipped. Jane slipped, too. They smashed right into Ed's booth.

Ed grabbed the pie boxes, just as Jane smashed into him. They all tumbled onto the floor.

"Wh- What happened?" Jane said, and raised her head.

It was just ketchup, but Ed screamed anyway. All the kids were laughing. The pies were still in their boxes but they had crashed onto the floor. Ed opened a box. The pie inside was ruined.

Jane looked around in horror. She almost screamed when she realized she was sitting on Ed's brownie pie.

"Oh my God, I am so sorry," Jane said, almost in tears.

The boy with the ketchup was hiding behind a table. His eyes were watery, too.

"Dennis! Come here and apologize to Mr. Wishbone!" Jane shouted at the boy as he started to run away.

"Dennis!"

Jane tried to catch the boy but Ed stopped her.

"It's okay," he said to the boy. "Don't worry."

"But—" Jane said, and looked down at the squashed brownie box.

Ed picked up the box and smiled.

"Everything is okay," he said.

A crowd had gathered around. Ed pulled out a plastic Ziploc bag and dropped the brownies into the bag. Then he took a large spoon from the table. He started pounding the bag with the spoon. Everybody gasped. Now the brownies were just crumbles.

Ed scooped a big chunk of squashed blueberry pie into a plastic cup. Next, he took a small scoop of lemon meringue pie and chocolate swirl pie and layered them over the blueberry pie. Finally, he sprayed whipped cream onto the pie mix and sprinkled the crushed brownies on top.

Everyone watched in awe. Ed set the cup down and picked up a marker. He made a big X on the whiteboard and wrote something beneath it. He beamed as he showed everyone the new menu.

Someone began clapping in the crowd. The kids were already lining up with dollar bills in their hands. The ketchup boy was in line, too. He was grinning.

"Thank you," Jane whispered in a grateful voice. "Please let me help."

And now, the chair wasn't empty anymore. Jane was sitting in it.

An hour later, the bake sale was almost over. Jane was making the last sundae and Ed was writing SOLD OUT on the whiteboard. Across the aisle, Zombie Pies was still surrounded by kids. They were sold out too, but Ed doubted that Jeremy had made a profit. The booth had a huge zombie statue and several floating zombie balloons – all very expensive decorations.

And besides, Ed had heard from Jane that, every year, Jeremy donated all his profits to poor children.

Jane sold the last sundae and Ed proudly sighed.

"Wow, that was *amazing!*" Jane said, sitting down. "And you made it out of a wreck."

Ed smiled and sat down too. He was happy – but the sundae wasn't his idea.

"I did many bake sales when I was a kid," Ed said.

Jane looked at him and said with a gentle smile, "Actually, I

did, too."

"Really?" Ed asked.

"It's one of the best memories of my life," Jane replied.

"Mine, too," Ed nodded. His eyes noticed the hidden blueberry pie under the table. He slowly opened his mouth.

"I have one thing that I regret. I had a really nice friend. I promised her a pie but I broke that promise."

Jane was staring out the window. Her eyes seemed to be watching something far away.

"I've broken a lot of promises, too," Jane said, and then added softly, "Promises to myself."

Ed didn't answer. For the first time, Jane's face had lost all expression. She seemed tired. Ed realized that this might be the real Jane. She continued in a weak voice.

"I left my mother alone and went to a big city. I met a bad person and made a bad decision. My life is like those pies in the box, but I can't fix them like you did."

Ed was speechless. His hand was touching the pie box, but suddenly, the message on the pie seemed stupid.

"You're a great teacher. The kids love you," Ed said, and he really meant it. But Jane shook her head.

"I'm not a teacher. I help out sometimes. In fact, this is my last day."

Jane smiled at Ed. He had no choice but to smile back. He let go of the pie box. The pie was too late anyway.

"Uh-oh," Jane suddenly looked at the wall clock and stood up. "Sorry! I have to catch the highway bus. It leaves at three and it's already two-thirty."

Jane stood up. Ed couldn't move. He wanted to say a lot of things but wasn't ready.

"See you around, Eddie," Jane said as she exited the booth. And the chair was empty again.

"Sure. See you," Ed said. But he knew that wouldn't happen.

Just before Jane left the lunchroom, she stopped and looked back.

"About that pie…" she said and smiled. "Maybe she's still waiting."

Jane disappeared around the corner. Ed took out the pie box and set it on a table behind him. He sat there for a few seconds before saying aloud, "Okay. Everyone, out!"

Willy came out from behind the table. He had a sundae in one hand. It was almost empty. He mumbled one word to Ed, "Coward."

"I know," Ed replied.

Willy walked away with the sundae still in one hand. A moment later, Ed sighed and added, "You too, Jeremy."

Jeremy stepped out from behind the whiteboard. He also had a cup in his hand and mumbled, "Coward," as he walked away.

Finally, a dark paw came through the window. Ed grabbed the pie box on the table and moved it. The paw wiggled and tried to reach the pie.

Ed sighed and whispered,

"And cat — get off that window."

— 8 —

Ed cleaned up the booth. He was heading toward the exit when he walked by the faculty booth. Several pies were still on the table. They were all simple pies — 'Teacher Pies,' the kids used to call them.

One was a blueberry pie. Ed stopped and looked at it. The blueish-purple color(青っぽい) was similar(似ている) to his own pie.

Suddenly, Jane's voice came back to him.

See you around, Eddie.

Jane had said to him.

Ed stood there in shock.

Jane had called him *Eddie*.

His mother and Ms. Wilkes used to call him Eddie, but everyone else called him Ed.

Ed bit his lower lip as he reached for the blueberry pie.

No, that's not possible(可能な), he thought. Then he remembered something else. Jane had said to the ketchup boy.

Dennis, apologize to Mr. Wishbone!

He had never told Jane his last name.

Ed placed a dollar on the table and picked up the slice of blueberry pie. He opened his mouth to take a bite(ひと口).

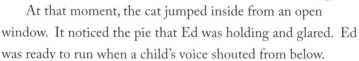

At that moment, the cat jumped inside from an open window. It noticed the pie that Ed was holding and glared. Ed was ready to run when a child's voice shouted from below.

"Don't go!" the voice cried.

"Come back!" another voice said. Ed recognized the voice. It was Dennis, the ketchup boy.

Ed rushed to the window and looked outside. On the street, a highway bus was stopped at the traffic light. One bus window was open. Jane poked her head out of the window and smiled at a group of kids. They were all crying.

"Kids! C'mon, don't cry!" Jane said to them, but they kept crying.

The light had turned green. The bus started to move, so Jane said in a hurry, "Okay, okay! Everybody, watch!"

She covered her face with her hands. Ed's eyes widened. The kids became silent. The world seemed to stop for a moment.

Jane opened her hands and the kids all laughed like crazy.

They were still laughing as the bus drove away. Jane waved to them and they waved back. Ed couldn't see Jane's face but he knew what had happened.

Jane had made a funny face.

Ed's heart was beating fast now. He whirled around and came face to face with the cat. It was eating the blueberry pie.

"Cat! You never eat other people's pies! Why did you eat that pie?" he yelled.

He already knew the answer but he had to ask. Ed grabbed the pie from the cat. The cat hissed but Ed ignored it. He bit into Jane's pie. It tasted just like his blueberry pie.

It was his mother's recipe.

And there was only one person who knew that recipe.

Only one person who called him Eddie.

Ed dashed to his booth and snatched the blueberry pie for Jane. The cat was running after him. He dodged the cat.

"Jeremy!" Ed shouted as he ran to the Zombie Pie booth. Jeremy was pulling down the zombie balloons. He saw Ed and a ferocious cat, coming straight toward him. He gathered the balloons and started to run.

"Did you come here in that expensive sports car?" Ed

shouted to Jeremy as they ran down the hall. The cat was following behind them. Jeremy replied in an angry voice, "Which sports car!? I have twenty cars!"

"I need to catch Jane's bus! You have to drive me!" Ed exclaimed.

The cat jumped. Ed barely dodged it. The cat popped one of Jeremy's balloons.

"Why!?" Jeremy cried.

"My car is old. And my future depends on it!"

"You stupid damn fool!" Jeremy shouted at Ed.

The cat bit Jeremy's leg. He screamed and shook his leg.

"Is your car faster than the bus!?" Ed asked.

"Is my car faster than a stupid bus!?" Jeremy repeated.

The cat was scratching both their backs. Another balloon popped.

"Is my car faster than a stupid bus!?" Jeremy repeated again.

"Well!?" Ed asked.

— 9 —

"That's the bus!" Ed shouted as he pointed ahead. The bus was only a mile from the highway entrance. It would not stop after it was on the highway. Jeremy stepped on the gas pedal. The car came in line with the bus.

Jane was sitting by the window. Ed rolled down his window and shouted, "Jane! It's me! Open the window!"

Jane still hadn't noticed but the passengers around Jane did. They started to look at Ed. A girl behind Jane was tapping her and pointing to the window. By the time Jane noticed, the whole bus was watching them.

Jane opened her window. Her eyes were bigger than usual. "Eddie!? ★What on earth are you doing!?"

"Jane Ann Wilkes!" Ed shouted her full name. Jane had liked her middle name better when she was a girl. Ann was the main character in her favorite book. "Jane Ann, I'm sorry!"

"You remembered," Jane said.

"I never made the connection until I saw your funny face. I should have realized earlier!"

"I told you she was still waiting," Jane said with a mischievous grin.

"I made you a pie," Ed said.

He held the box out to Jane. His hair and sleeves were flapping in the wind. It was difficult to speak but he didn't care.

"I'm sorry! I am so late. Thirty years late, actually."

Jane reached for the box but the bus moved forward. The highway entrance was just ahead. Jeremy's car jumped forward too.

Ed glanced inside the car. Jeremy had stepped on the gas pedal all the way. The car accelerated. Ed held on to the roof.

"I hope you're a good driver!" Ed shouted to Jeremy.

"I'm not! But I have seven lawyers!" Jeremy replied.

"Eddie!" Jane shouted. She was leaning out of the window.

Ed held out the box again as the car lined up with the bus for a second time. Jane's fingers almost reached the box. The passengers around Jane were holding onto her. Just as her fingers touched the box, the bus sped up again.
(加速する)

"No!" Ed shouted, but the bus was moving away with Jane in it.

"Eddie!" Jane called out. At that moment, the cat jumped onto Ed's back. Then it hopped onto his shoulder.
ぴょんと跳ぶ

It ran across Ed's arm and snatched the pie box.

"Cat! No!" Ed shouted. He thought the cat would fall. But the cat jumped.

Right into the window of the bus.

Screams filled the bus. The bus pulled over to the side of the road and halted. At the same time, Jeremy hit the brakes. The car skidded to a stop behind the bus.

"Jane!" Ed shouted. He jumped out of the car and ran up to the bus.

More windows opened as Ed reached the bus. Jane and Ed stared at each other through the window.

The cat appeared beside Jane. Its front paws were on the windowsill and a piece of pie was in its mouth. Jane blinked. She looked at the cat. The cat looked back at her.

"I'm sorry. That blueberry pie was for you," Ed said.

She blinked again. She was still looking at the pie. It said:

"May I have a bite?" Jane asked the cat.

The cat remained still. The other passengers were also staring at the piece of pie. Jane tilted her head to one side and slowly bit off a piece of pie from the cat's mouth.

"Blueberry," Jane said to Ed. "Just like mine!"

Jane's lips were purple. Ed smiled and looked up at her.

"You always made me laugh," Ed said. "Even when I was a kid. Your funny face was so great."

The whole bus held its breath as Jane said nothing. The roadside was totally quiet. The bus engine was turned off. Even the bus driver was looking back at their window.

"Actually, that wasn't my funny face," she said. "You never noticed. That was my kiss-me face."

Someone whistled and the crowd applauded. Ed stood there speechless.

Jane looked at the pie but the cat had already eaten it. It didn't matter. She remembered the message very well.

"Sure, Ed," she leaned out of the window and kissed Ed's cheek. "I would love a date! I've waited thirty years."

A huge round of applause rang out on the roadside. Ed and Jane looked around as everyone cheered. An old woman banged her cane on the side of the bus and yelled, "Good job!" Someone else threw a bag of popcorn into the air.

Jane took a long deep breath and looked at the seat next to her.

"Was this your idea, William?"

A boy appeared from behind Jane. It was Willy. He mumbled casually,

"No, Mom."

Ed's jaw dropped open.

"Mom? You're..." Ed said, astonished. Jane didn't notice. She was still staring at Willy.

"When I get home tomorrow, you're grounded."

Ed was now completely confused. He asked Jane, "I thought you were leaving town."

Jane, also a little confused, replied, "Yes, I am. But I'll be back by lunchtime tomorrow."

Ed was still in shock as Willy noticed that the cat's mouth was full of blueberry pie. He said in a disgusted voice,

"Meh. Old people's food. So last century."

"You ordered the pies," Ed said to Willy.

Willy didn't answer, but he smiled.

Jane sighed and gave Willy a pat on the head. When she looked back at Ed, she whispered, "You kept your promise. Now, I guess I have to keep mine."

Ed frowned. He didn't understand what Jane was saying.

"I don't..."

"Shut up, Wishbone," Jeremy said as he walked over to Ed. A police siren was approaching from the distance. Ed looked at Jeremy.

Jeremy shrugged. "My seven lawyers are on their way," he said with a phone in his hand.

Jane was about to say something but the crowd started to chant:

"Funny face! Funny face!"

Jane shook her head at the crowd, "No! No way!!"

But they wouldn't stop. The chanting got louder. The bus driver joined in too. Everyone stared at Jane until her face turned red.

"C'mon, mom," Willy urged.

"C'mon, Jane," Ed repeated.

Jane sighed, but it was a happy sigh.

"Okay. But you all asked for it," she muttered and covered her face with both hands.

The crowd waited in silence. When her hands opened, the laughter was so loud that the bus rocked.

Ed left still wondering about Jane's promise. But he couldn't think about it now. He was too happy. And besides, it was a promise from thirty years ago.

It couldn't be *that* important.

A long time ago...

    At another bake sale...

    "I will bake you a pie when I grow up," the boy said to the girl. He lifted his head so he would look taller.

    "I promise you," he said.

    "I'm honored," the girl answered in a princess-like voice.

    She looked at the boy and declared, "I promise to marry you when I receive the pie."

    They looked at each other for a moment and then giggled hysterically. Their laughter echoed across the bake sale as their mothers smiled behind them.

    And in that moment, it was true.

    Everything was okay.

THE END

各解説に付いている▶は、その項目が詳しく説明されているページを示しています。

● 149ページ
So sweet. So beautiful. 不完全な文
So は日本語の「そう」と音も意味もよく似ている言葉です。文と文をつなぐ時にも使われますが、この場合には感情的な強調となっています。

● 150ページ
Don't cry. (A)→
主役の You が消えて、Don't が前に押し出された否定の命令です。かなり強い言い方ですが、ここでは母親が子供に対して言っているので、口調は優しいものです。▶85p

"Look at me!" (A)→
こちらも You が消えた命令の文。

● 151ページ
He was still laughing as he fell off his chair. A＝B as A→
still は非常によく出てくる単語です。ここでは「まだ」という効果の付録として、前に押し出された形で使われています。本来は「同じ状態を保つ」イメージの単語で、何も動きがない状態で still を使うと、「静止した」という意味になります。

still

"You were dreaming." A＝B
A＝B の動きの説明になっているのは、ウィリーが居眠りしているエドをしばらく眺めていたことを物語っています。▶34p

No thanks. 不完全な文
No thank you. は遠慮する時の決まり文句。「ありがとう。だけどノー」の意味。No thanks. はその省略形。

● 152ページ
"I'm delivering pies to your school today," A＝B
エドがウィリーに今日の自分の予定を説明しています。動きの説明ですが、am delivering をひとつの矢印と考えて、A → B の文として読んだ方が分かりやすいかもしれません。▶96p

He thought everyone liked bake sales. A→B
B の箱の中がまるまるひとつの文で、「エドの考えたこと」です。bake sales は手作りのお菓子を持ち寄って販売するバザーのようなもの。

"Just give me a ride." (A)→BB
You が消えているので命令。a ride は「車に乗せてもらうこと」。車社会のアメリカではよく使われる表現で、「乗せていって」というお願いです。先頭の Just は効果の付録が前に押し出されたものです。▶186p のコラム

185

just という単語

just はとてもよく使われる言葉です。日本語では「ただ」「ちょうど」などと訳されますが、実際のイメージは「ぴったり合った」というものです。例えば、猫を箱に入れる場合、右の二つは just ではありません。

左のこれが just です。「ちょうどぴったり」です。Just give me a ride. はエドとのつまらない会話に飽きたウィリーが「ほかのことはいいから、学校に車で送っていって」＝「それでぴったり」という意味合いで just を使っています。便利な言葉であるだけに、意味がとても幅広いので、最初はイメージをつかみにくいかもしれません。でも、あっちこっちに出てくるので、すぐに慣れます。

The cat's face was pressed against the window. A＝B
動きの説明ですが、Bの箱に -ed が付いているので、主役の「猫の顔」がされた動作です。▶34p

The cat is on a diet. A＝B
「ダイエットに接触する」で「猫はダイエット中」。▶49p

"Cool." 不完全な文
日本語でも使われる有名な若者のスラングで、古くからあるので、今は大人もみんな使っています。最初は「かっこいい」という意味だけでしたが、長い間に意味が広がって、現代では「了解」や「いいね」ぐらいの曖昧な意味も含んでいます。ここではウィリーは少し面倒臭そうに、皮肉を込めて Cool を使っています。

●153 ページ

There were ten boxes of pies on the back seat. A＝B
There は「そこ」。そこ＝パイの箱十個で、「パイの箱十個がそこにある」様子を表現しています。▶下のコラム

"The cat might be here," A＝B
助手の might を使った空想文。here は場所の付録ととっても、Bの箱に入れても構いません。わずかながら猫がここにいる可能性について、エドが言及しています。here について▶下のコラム　場所の説明について▶45p

こことあそこ

場所にも色々な代役があります。here/there と this/that は基本的に近い／遠いで区別されますが、実際の距離だけでなく、精神的な距離も関係しています。言葉で説明するより、右の二つの図を見比べてもらうのが簡単です。

here / this は
こんなイメージ。

there / that は
こんなイメージ。

We're a long way from your shop. A=B
今いる場所の説明です。way は「道」なので「店から長い道程離れたところ」になります。

●155 ページ
"Jeremy, what are you doing here?" A=B
「何をしている？」という質問の文です。what と are が両方前に押し出されています。元の位置に戻すと "Jeremy, you are doing what here?"。

You can't open a booth in a school bake sale! A→B
空想文の否定。可能を表す助手の can に not の省略形が付いて、「（プロの店が）学校でブースなんか出すことはできない」とはっきり言っています。can なので、エドの気持ちというより、常識としての話です。▶116p

I need to waste money. A→B
ジェレミーが必要としているのは「お金を無駄にすること」。あえて need to を使うことで「やりたくてやってるんじゃない。お金がありすぎるから使わないといけないんだ」というとんでもないニュアンスを表現しています。▶下のコラム

猫の手　　　必要性の問題

「何かをやりたい」ことを相手に伝える言い方はいくつかあります。「やりたい気持ち」の弱い順に並べると want to ○○、need to ○○、have to ○○になります。○○にはいずれも動作が入って、「○○することがほしい」＝「○○したい」となります。

I want to catch the cat.　　I need to catch the cat.　　I have to catch the cat.
（ただ捕まえたいだけ。　　（捕まえたいというより　　（明確に「捕まえる予定」
それほど必要性はない）　　捕まえる必要がある）　　を持っている。一番切実）

Besides, you're here too. A=B
beside だと「横に」という意味の小道具ですが、-s を最後に付けて besides にすると、「それは横においといて」という前置きになります。どちらも「横にある」ことには違いありません。▶59p

●156 ページ
Ed cleared his throat. A→B
簡単な決まり文句。「喉の通りをクリアにする」と書いて「咳払いする」。

"I'm just delivering these pies," A=B
動きの説明。「エド＝（ただ）パイを届けること」ですが、B の箱が長くて分かりにくい場合は am delivering が矢印、these pies が脇役だと考えても構いません。▶96p

"That's the woman in charge." A=B
「person in charge」で「責任者」になります。

Jeremy pointed at an empty booth nearby. A→
続く役者が母音（a e i o u）のいずれかの音で始まる時、a は an に変わります。これは単に

発音しやすくするためです。意味に違いはありません。

A woman was lying on the table with a towel over her head. A＝B
on the table は場所の付録。with 以下は効果の付録で、女性がどのように横たわっていたかを表現しています。over her head は手前の towel に付く化粧文。over について▶139p

"What happened?" A→
"That happened," A→
That は（騒ぐ）kids の代役。エドが「何が起きた？」と聞いているのに対して、ジェレミーが「あれが起きた」と、子供たちを指差しています。こういった代役を用いたキレのいい会話が英語の醍醐味です。

He took a deep breath and said to her, "Uh… Excuse me…" A→B and (A)→B
「深い息を取る」と書いて、深呼吸です。台詞内を色分けすると "Uh… Excuse me…" になります。これは大変有名な決まり文句なので、聞いたことのある人も多いと思います。You が消えているので一応は命令ですが、excuse は元々「許しを乞う」という矢印なので、とても丁寧なお願いです。席を立つ時や、人を呼び止める時に使います。

●157 ページ ─────────────────────

It was Jane, the woman that Ed met at the lake. A＝B
コンマを挟んで同じものを説明し直している文です。ここでは「ジェーン、エドが湖で会った女性」となっていますが、Ed, the pie baker とか Jeremy, the Zombie King のようにも使えます。コンマのあとの部分は化粧文で、手前の役者を飾っていると考えてください。

"No, I'm afraid not." A＝B
決まり文句。エドの "Did you order them?" という質問に対する答えなので、単純に "No, I didn't." と答えていいのですが、英語の not が強すぎるため、「怖い」という意味の afraid を間に挟んで「言わなきゃいけないのが怖いけど、私じゃない」というやわらかい言い方にしています。▶下のコラム

猫の手　　yes と no

日本語では聞き方によって「はい」と「いいえ」の答えが変わります。例えば、「猫のことを知っているか」と聞く時も、この二つの聞き方があります。

猫のことを知っている？　You know the cat?
猫のことを知らない？　　You don't know the cat?

日本語だと二つ目の聞き方なら「猫のことを知っている」場合は「いいえ、知っている」と答えることになります。ところが、英語の場合は単に Yes, I do. と答えます。英語はとても単純で、相手の聞き方にかかわらず、知っていれば Yes、知らなければ No になります。Yes, I don't. や No, I do. は英語には存在しません。

"If you could wait here, I will go and ask at the office," A→ and (A)→
珍しい「条件」の付録が付いた空想文です。前半の If で始まる文をエドが受け入れるなら、そのあとの空想文が現実になります。▶120p

"Thanks, that would be great," A=B

ジェーンの提案に対するエドの返事です。大人同士の会話なので、丁寧な助手の「弱バージョン」を使っています。「ジェーンの提案」の代役が this ではなく that になるのは、時間的に現在より先のことだからです。this と that について ▶186p のコラム

● 158ページ ─────────────────────────────
"Of course I do!" A→

Of course はよく使われる決まり文句です。「(あなたの決めた)コース通り」という意味合いで「もちろん」となります。この文は本来 I do remember you! ですが、手前のエドの質問とかぶっている部分が省略されています。▶下のコラム

  強調の do

I do remember you!

万能の矢印 do (does、did) は質問や否定の代役として前に押し出されます。しかし、まれに押し出されることなく、I do remember you! のように do が矢印の前に付いている場合があります。これは矢印の強い強調です。do は何の矢印の代わりにでもなれるので、ここでは remember を二度繰り返しているようなイメージになります。

Ed felt relieved and set the pies down on the empty booth. A→B and (A)→B

前半の文は「安心を感じた」という A→B の文ですが、feel などのごく一部の矢印は=に近い性質があります。▶下のコラム　後半の set は丁寧に置く動作です。set について ▶228-229p

  =に近い矢印

矢印の中にも、一部=に近いものがあります。代表的なものは feel、seem、become、sound などです。これらは使い方によっては≒(ほぼイコール)と考えると分かりやすい場合があります。

Ed felt happy.
Ed seemed happy.
Ed became happy.
Ed sounded happy.

左の文はどれも≒で置き換えても意味が通じます。A→B で意味が取りにくい文は、試しに A=B として考えてみるのもひとつの手です。

While he waited, he kept looking at the booth. A→B

「彼 (エド) が待っている間」という時間の付録が前に押し出されています。kept は keep の -ed 形で、ある動作を「継続する」時に使う矢印です。ここでは looking (見ること) を続けています。keep について ▶242p

189

It was just like his mother's old booth. A＝B

It は目の前のブースの代役。like には矢印としての意味もありますが、それ以外にも何かと比較して「似たもの」という意味があります。「それ＝母親のブース」ではないものの、かなり似ていると言っています。

He could almost see his mom and a nine-year-old himself inside it. A→B

B の箱の役者は mom and himself で、ほかはすべて二人に付く化粧品になります。inside it は「（ブースの）中」という場所の付録。エドは九歳の自分と母親の幻影を、空っぽのブースの中に見ています。He could see とありますが、間に「もう少しで」の almost が入っているので、実際に見えているわけではありません。

"I'm sorry. Nobody ordered any pies," A＝B A→B

Nobody ordered は「いない人が注文した」転じて「誰も注文していなかった」になります。▶下のコラム

猫の手　　nothing という「もの」

英語には「無」という意味の言葉がなく、「誰もいない」も Nobody is there.（いない人がそこにいる）という形で表現します。同様に No one is there.　Nothing is there. など、「何もない」という表現はすべて「ないものがある」という言い方になります。東洋では「無」が肯定的に捉えられていますが、西洋では「無」は恐ろしい概念なので、このような書き方になるのかもしれません。言葉には、時にこういった文化の深層が表れることがあります。

Nothing is there.

"That's strange," Ed said, scratching his head. A→B

scratching his head は本来エドに付くはずの化粧文ですが、コンマで後回しにされています。このように矢印＋ing で始まるフレーズがコンマと共に化粧文として付くと、その化粧文の動作をしながら、実際の矢印の動作を行ったことになります。ここではエドは頭をかきながら B の箱の台詞を言っています。▶94p

It was directly in front of Zombie Pies. A＝B

It は empty booth の代役。A＝B の文で、B の箱に小道具で始まる場所が入っています。in front of はよく出てくる表現で、「〜の正面に」。

"Can I borrow this booth?" A→B

I can borrow this booth. という、冷静な空想を質問として聞いています。can は本来あまり語り手の感情が見えないものですが、この場合、少しはエドの気持ちが推測できます。▶116p

●159 ページ

"Just delivering pies, huh?" 不完全な文

きちんと書くなら "You are just delivering pies, huh?" で、156 ページのエドの台詞を引用したものです。ここでは省けるものは省いて、皮肉っぽい感じを強めています。

190

Jeremy took out his phone and spoke to someone. A→B and (A)→

took は take の -ed 形。前半の out は、どのように take したかを示す効果の付録として矢印に付いています。▶下のコラム

猫の手　　矢印＋小道具の七変化

矢印の後ろに out などの小道具が付いて、動作をさらに細かく見せるパターンはよく出てきます。take だけを例にしても、take out（取り出す）以外に、take in（取り込む）、take up（取り上げる）、take down（取り壊す）、take on（取りかかる）、take off（離陸する）など、様々な小道具で微妙に take の動作が変わります。これらはすべて効果の付録になっている小道具が前に押し出された形です。take について▶226p

This is Zombie King. A＝B

電話で「自分が誰か」を告げる時にこの形を使います。日本語なら「こちら○○」にあたる言い方です。

Bring in the whole set. (A)→B

命令の文です。set は矢印として使われることもありますが、ここではそのままカタカナの「セット」です。何か大がかりなものを「フルセット持ってこい」とジェレミーが部下に言っています。in は場所の付録で、どこの中かというと「学校の中」です。どこか近くにいる部下たちに「中に運び込め」と命令している感じです。

Ed couldn't help giving a wry smile. A→B

can't / couldn't help はよく出てくる決まり文句です。「苦笑することを助けられなかった」と書いて「苦笑せざるを得なかった」になります。help について▶238p

The bake sale had started thirty minutes ago. A→

回想文です。読者が見ていないところで bake sale が始まっているので、この言い方になっています。このあと数行はすべて同じ理由で回想文です。▶103p

●160 ページ

Ed glanced at her, and she noticed and smiled back.
A→, and A→ and (A)→

三つの文がつながっているのは、視線の交換が一瞬で起きる感じを出すためです。三番目の主役は二番目と同じ she なので省略されています。

A pie box was hidden there. A＝B

hidden は hide に -ed が付いた形です（hide に -ed が付いた形はほかに hid もあります）。矢印の不規則な変化について▶224p　間違えることはまずないと思いますが、ここではパイの箱は「隠れた」のではなく「隠された」のです。▶34p

"You like her, don't you?" A→B, A→

本来なら文の最初に持ってくるべき質問の要素を、あえて一番後ろにまとめることで、「そうだろ？」と確認する言い方です。

He gestured his head toward Jane. A→B

ウィリーがジェーンを示すように首を傾けています。toward は
to とよく似た小道具ですが、to が目的の範囲に向かっていくイ
メージなのに対して、toward はただその方向へ向いただけの場
合に使います。違いを絵にすると、右図のようになります。

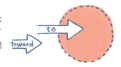

Ed hid the special pie, but he knew Willy had seen it. A→B, but A→B

hid は「隠した」という意味の矢印。後半の文の B の箱には Willy had seen it という回想文がまるごと入っています。エドはウィリーが「パイを見た」ことを知っていますが、実際の場面は目撃していないので、この形になっています。▶103p

Ed sighed, scratched his head, and said to Willy. A→, (A)→B, and (A)→(B)

三つの文がつながっていて、ひとつ目と二つ目の文はコンマだけで区切られています。and 二つで区切るよりも、いっそう動きがつながっている感じです。三つ目の文の B の箱に入るのは続く台詞全体。

I had a neighbor named Ms. Wilkes when I was your age. A→B

named Ms. Wilkes はすべて neighbor に付く化粧文です。

My mother and Ms. Wilkes did bake sales together. A→B

ここでの did は万能の矢印ではなく、普通の「する」という意味の矢印として使われています。

We used to laugh so much. A→B

used to ○○は決まり文句に近い表現です。used は「使う」という意味ですが、ここでは「あんなにたくさん笑うことを使った」と書いて「私たちは昔あんなによく笑った」と古い過去の出来事を表現しています。▶下のコラム

猫の手　　思い出は使い込まれている

英語の文は標準が過去です。そして、セピア色の回想があります。でも、それよりもさらに前――遠い昔のことを振り返る時に used to ○○という言い方を使います。その記憶を何度も使い込んで、すっかりボロボロになったイメージを想像してください。

I used to hate the cat.

"You liked her," Willy said and drank some lemonade. A→B and (A)→B

lemonade は瓶からカップに注いで飲むので、だいたい一単位が a cup of lemonade です。そこから少し飲んだものは some lemonade になります。どのくらいの量を飲んだのかが分からないので、曖昧な some が使われています。

"I promised her that I would bake her a pie someday." A→BB

that 以下の空ический文が二番目の B の箱の中身で、エドがかつてした約束の内容を表しています。would が使われているのは、「パイを焼く」のがその時点では可能性の低い未来のことだったため。この部分も、色分けするとこのように A → BB になります。I would bake her a pie someday.

"Did you?" A→
"Well, I did," A→

手前の I promised 〜の文を受けてのやり取りです。どちらの文にも bake her a pie をあとに付けると分かりやすくなります。万能の矢印 did と bake を重ねて使うと、bake が強まります。▶189p のコラム

192

●161ページ

But she was so popular. A＝B
But は一文抜かした手前の "Well, I did," からつながっています。popular は「人気がある」。

And... you know... middle school doesn't have bake sales. A→B
you know はアメリカ英語最大の決まり文句です。誰でも言葉に詰まった時、この一言が口から出ます。直訳すれば「知ってるよね」という意味になりますが、日本語だと「えっと」に相当する言葉です。学校が bake sale を「開催する」ことを have という矢印で表現しています。▶下のコラム　have について▶245p

　middle school は大変

アメリカでは小学校（elementary school）と高校（high school）の間にある、日本では中学校にあたる時期を総称して middle school と呼んでいます。これは近年、6・3・3制が崩れ、6・2・4や5・3・4といった、多様な学校制度が導入されているためです。アメリカが基本訳に「子供」でいられるのは小学校までで、中学校に入ると急速に大人になることを求められます。そのストレスも一因で、十代はいじめや差別の多い厳しい時期になりがちです。エドのようにおとなしい性格の少年には middle school は生きにくいところだったはずです。

With that, he was gone. A＝B
With that は効果の付録とも、時間の付録とも考えられます。that は手前のウィリーの台詞の代役で、その台詞と共に姿を消した感じがよく表れています。gone は go に -ed が付いた形。A ＝ B で書かれているのは、エドからの視点で語られているため。矢印の不規則な変化について▶224p

"Kid has a point," A→B
決まり文句です。ニュアンスを含めて日本語にするなら「あのガキは鋭い」という感じになります。これは point が「尖ったものの先端」を指す言葉だからです。

Jeremy said as he stepped out from behind the whiteboard. A→(B) as A→
場所の付録が重なった文です。「ホワイトボードの後ろ」から出てきた、という感じですが、out が前の stepped に付いても、後ろの付録に付いても、基本的に内容は変わりません。▶191pのコラム

●162ページ

A few customers had come. A→
「少数の」を表現する単語は英語にいくつもありますが、few はその中でもかなりまばらな「少数」です。ざっくり少ない順に並べると、bit → few → little → some になります。few の手前に a が付いているのは「人数が特定できない小さなグループ」を一組と考えているためです。

She was always running around, laughing, shouting, and sometimes tripping and falling down. A＝B, (A＝)B, (A＝)B, and (A＝)B and (A＝)B
この文はいくつか区切り方が考えられますが、一番簡単なのは A ＝ B がたくさんつながっている形です。すべての動きの前に She was を付けてみると、分かりやすくなります。

Everything is okay, Eddie. A＝B
過去のお母さんの台詞の引用なので「イタリック」という斜体になっています。イタリック

はほかの人の台詞や商品名、タイトルなどを引用する時にもよく使われますが、単純にその部分を強調したい時に使うこともあります。

Ed lifted his head and looked to his side. A→B and (A)→

後半の文でエドが見ているのは存在しない母の幻影。明確な一点の目標がないので、at の代わりにぼんやりとした範囲を指すことのできる to が使われています。

That time he dropped all his mom's blueberry pies, she scooped them into a cup and sold them as "Pie in a Cup." A→B and (A)→B

遠い昔の出来事をエドが思い出しています。That time 以下は「お母さんのパイを落としたあの時」という時間の付録。途中に出てくる into は小道具の in と to がくっついたもので、枠の中に入っていくような時に使います。逆は out of になります。as はここでは them（お母さんがカップに入れたパイ）と "Pie in a Cup" が同じものであることを指しています。

●163 ページ

His mom was long gone, but the pie was still here. A＝B, but A＝B

日本語でも「行く」を「逝く」と書くと、「死ぬ」という意味になります。英語でも文脈によって go は似た意味を持つことがあります。161 ページでウィリーが gone したのは単純にその場を去っただけですが、ここでは具体的にどこへ行ったとも言及せず、長い間「行っている（gone）」と言うことで、亡くなったことを暗に示しています。もう少し丁寧な言い方で「死ぬ」を表現する場合には、pass や leave を使います。いずれにしても、自分たちを置いて「行ってしまった」という意味を含んでいます。

"I wish you were here, mom." A→B

矢印の wish（願う）に -ed が付いていないことから、エドがこの願いを絶えず胸にしまっていることが分かります。願いの内容は you（エドの母）were here というものですが、you are here でなく、be の過去の you were here になっているのは、それがどんなに願っても決して叶わない夢であることの暗示です。▶104p

Stop right now! (A)→

明確な命令文です。right には「右」の意味のほかに、just に近い感じの「直接」という意味があります。right now は「直接、今」と書いて「今すぐ」。

She looked like a murder victim. A→B

look には普通の「見る」の意味のほかに、「～に見える」という意味もあります。ここでは後者の方です。この場合の look は矢印でなく≒と考えると分かりやすくなります。▶189p のコラム　ジェーンが何に見えたのかというと、like 以下です。

They smashed right into Ed's booth. A→

この right も「右」ではなく、「直接」という意味の効果です。二つ前の解説を参照。

●164 ページ

It was just ketchup, but Ed screamed anyway. A＝B, but A→

前半の文の主役 It が何の代役かは、直前のイラストから判断するしかありません。あえて書くとしたら「ジェーンの顔の赤いもの」です。

The pie inside was ruined. A＝B

inside は小道具の一種ですが、ここでは pie の化粧文です。なぜ一語なのに後ろに付いているかというと、inside the box の box が省略されているからです。

She almost screamed when she realized she was sitting on Ed's brownie pie. A→ when A→B

when 以下の文は時間の付録と考えることもできますが、ここではより分かりやすく、when でつながった二つの文として色分けしています。as でつながった文とよく似ていますが、

194

when 以下の出来事が最初の文よりわずかに早く起きている感じです。

"Oh my God, I am so sorry," A＝B

Oh my God は驚き、慌てている時に大変よく使われる決まり文句です。神の名前をたやすく使ってはいけないことを逆手に取って、「使ってしまうくらい驚いた」というニュアンスで God の名前を叫んでいます。

Ed picked up the box and smiled. A→B and (A)→

up は単独の小道具として手前の矢印に付いています。この三文あとの pulled out の out も似た形。▶191p のコラム　pick について▶227p

A crowd had gathered around. A→

この文が回想文になっているのは「いつの間にか〜」というニュアンスが含まれているからです。実際に人が集まってきたところはエドも読者も見ていません。▶103p

---
●165 ページ

Next, he took a small scoop of lemon meringue pie and chocolate swirl pie and layered them over the blueberry pie. A→B and (A)→B

and が二つありますが、最初の and は二つのパイの名前を並べているだけです。二番目の and は二つの文をつないでいます。

Ed set the cup down and picked up a marker. A→B and (A)→B

up は「どのように pick したのか」を示す効果の付録。▶191p のコラム　set について▶228-229p　pick について▶227p

The kids were already lining up with dollar bills in their hands. A＝B

line は「線」という意味の単語ですが、「並んで線になる」という矢印として使われる場合もあります。with 以下の効果の付録は絵にすると、右図のようになります。

"Please let me help." (A)→BB

Please で始まる丁寧な命令——つまり「お願い」です。let は日本語に訳しにくい矢印で、「あるべきものをそのままにする」というものです。ここではジェーンは「自分が助ける」ことを拒まずに受け入れてほしい、と頼んでいます。

And now, the chair wasn't empty anymore. A＝B

この And は一見どこからもつながっていませんが、162p の But there was only an empty chair. の続きともとれます。否定の文ですが、anymore が付くことで「もう〜ではない」という言い回しになります。

●166 ページ

An hour later, the bake sale was almost over. A＝B

「何かを越えて」という意味の over ですが、ここで越えるのは bake sale の開催時間で、転じて「まもなく bake sale は終わる」ということを指しています。▶139p

They were sold out too, but Ed doubted that Jeremy had made a profit. A＝B, but A→B

They は Zombie Pies の代役。sold は sell の -ed 形で、sold out は「売り切れ」。後半の文の B の箱は「Jeremy が利益をあげたこと」。エドはこのことを疑っているため、回想文風になっています。

The booth had a huge zombie statue and several floating zombie balloons — all very expensive decorations. A→B

all はゾンビ・パイズのブースにある「すべてのデコレーション」の代役。all 以下は手前のブース装飾品についてもう一度まとめたもので、ここだけ独立した文にするなら They were

195

all very expensive decorations. になります。

"Wow, that was *amazing!*" Jane said, sitting down. A→B

Wow はただの驚きの声。amazing がイタリックになっているのは強調のためです。コンマのあとの sitting down は Jane の化粧文。▶94p

"And you made it out of a wreck." A→B

it はエドが作った sundae の代役。out of a wreck はどのように made したかを示す効果の付録で、of のあとの大きなグループは「残骸」、そこから「取り出したもの」が小さなグループです。つまり残骸から救い出したものだけでそれを作ったことに、ジェーンは感心しています。make について▶240p

"Actually, I did, too." A→(B)

ここでの did は万能の矢印ではなく、本来の「する」です。B の箱に bake sales を補うと分かりやすくなります。Actually は前に押し出された効果の付録。

●167 ページ

"Mine, too," (A＝)B

Mine は「私のもの」。「My best memories」の代役としてこう言っています。この文を一切省略せずに書くと It's one of my best memories too. になりますが、これだと直前の文とほとんど同じなので、こうなっています。

I have one thing that I regret. A→B

エドがこの台詞を現在形で言っているのは、後悔がずっと続いているためです。▶104p

Her eyes seemed to be watching something far away. A→B

seemed は≒に近い矢印。▶189p のコラム　遠くを見つめるジェーンをエドが見ています。分かりにくければ、to be を消して考えてみてください。
seem について▶244p

"I've broken a lot of promises, too," A→B

いかにも含みのある回想文です。多くの役者には相性のいい矢印があり、promise を「破る」のは break、「守る」のは keep を使うことになっています。

Ed realized that this might be the real Jane. A→B

エドが realized したのは that 以下の空想文の内容です。this は「今ここにいるジェーン」の代役。これが「本当のジェーンの姿」なのかどうかエドは自信がないので、ただでさえ確率の低い may の、さらに弱バージョンである might を使っています。

●168 ページ

His hand was touching the pie box, but suddenly, the message on the pie seemed stupid. A＝B, but A→B

seemed は≒に近い矢印。▶189p のコラム　seem について▶244p

In fact, this is my last day. A＝B

In fact は直訳すると「事実では」となりますが、一種の決まり文句です。日本語で「というか」を使うのと同じタイミングで出てきます。this は today の代役です。▶186p のコラム

He had no choice but to smile back. A→B

「no choice を持っている」と書いて「～するしかない」。エドには but 以下のことをするしか選択肢がありませんでした。▶ 190p のコラム

He let go of the pie box. A→B

持っていたパイの箱を「放した」という意味の let です。ちょっとつかんでいただけなので、大きく落としたわけではありません。

196

"Uh-oh," 不完全な文
「まずい」と思うことが起きた時に、誰もが口にする決まり文句です。

I have to catch the highway bus. A→B
矢印の have に to が続く形で、強い欲求を表しています。▶187p のコラム　時間通りに乗り物に乗ることは catch で表現するのが慣例です。

It leaves at three and it's already two-thirty. A→ and A＝B
最初の It はバスの代役。後半の it は the time の代役。

"See you around, Eddie," (A)→B
別れ際の挨拶の決まり文句です。正確な文にするなら I will see you around. ですが、この短い言い方が定着しています。around は「周辺で」という場所の付録。曖昧な場所を指定しているのは、おそらくもう会うことがない人に「でもまた会いたいね」という願いを込めているためです。再会する確率がもっと高い場合は、気楽な See you. だけですませます。Bye-bye は日本語の「さようなら」と同じで、かなり寂しい印象があるので、本当のお別れの時以外にはあまり使いません。

But he knew that wouldn't happen. A→B
that は「再会すること」の代役です。Bの箱の中は空想文ですが、not ではっきり否定されているので、その確率は 0% だとエドは考えています。

Just before Jane left the lunchroom, she stopped and looked back. A→ and (A)→
前半は「ジェーンがランチルームを出る直前」という時間の付録。

"About that pie..." 不完全な文
that pie は「エドが子供時代に約束したのに、女の子にあげられなかったパイ」の代役です。でも、あるいはほかのパイのことを言っているのかも……？

●169 ページ

A moment later, Ed sighed and added, "You too, Jeremy." A→ and (A)→B
冒頭の時間の付録は「一瞬のあと」。

He also had a cup in his hand and mumbled, "Coward," as he walked away. A→B and (A)→B, as A→
三つの文がつながっている形です。as の時は主役が重なっていても省略しないことになっています。▶68p

"And cat ─ get off that window." (A)→
「off that window という場所を get しろ」で「窓から離れろ」。命令です。

●170 ページ

Ed cleaned up the booth. A→B
cleaned に up が付いているのは「下から上まで」全部きれいにするという意味で、しっかり片付ける時に使います。

He was heading toward the exit when he walked by the faculty booth. A＝B
to the exit だと出口から出るのが明確な目的ですが、toward the exit ではたまたま方向を示すのに exit がよい目印だっただけです（191p に図解あり）。when 以下の部分は時間の付録ですが、when でつながった二文目だと考えても構いません。

Jane had said to him. A→

Jane had called him *Eddie*. A→BB

回想文ですが、実際に聞いたことを思い出しているので「見ていなかっただろうけど」という含みはありません。代わりに「これには何か重要なことが隠されている」という含みが漂っています。もう少しあとに出てくる Jane had said to the ketchup boy. も同じです。

No, that's not possible, **he thought.** A→B

エドの心の声がイタリックで表現されています。that はエドが「頭の中で今ふと気が付いた可能性」の代役で、that is が省略されて that's になっています。

He had never told Jane his last name. A→BB

少し手前の Jane had called him *Eddie*. と同じタイプの回想文。ただし否定の形です。told は tell の -ed 形。tell について ▶235p　ここでの含みは He had never told Jane his last name (but she knew it!).。

●171 ページ ────────────────────

Jane poked her head out of the window and smiled at a group of kids.
A→B and (A)→

poked は「突く」という意味の矢印です。ここではあとにくる out と一緒になって「突き出す」になります。poked out her head というように out を前に持ってくることもできます。また out は of the window に付いていると考えることもできます。▶191p のコラム

C'mon, don't cry! (A)→

C'mon は Come on. の省略形です。普通は「来いよ」という呼びかけに使いますが、ここでは「分かってよね」という説得に使っています。"Come on, understand me." という意味合いです。don't cry は否定の命令。大人が子供によく使う言い方です。▶85p

Everybody, watch! (A)→

Everybody は呼びかけのため、主役ではありません。それをはっきりさせるためにコンマが付いています。主役がいないので命令の文です。

The kids became silent. A→B

became は「〜になる」という矢印ですが、A ≒ B に近い感覚の文です。▶189p のコラム

The world seemed to stop for a moment. A→B

seemed は ≒ に近い矢印。▶189p のコラム　seem について ▶244p　The world が本当に「一瞬止まった」わけではないのですが、少なくともエドにはそう見えたのでしょう。

Ed couldn't see Jane's face but he knew what had happened. A→B
but A→B

前半は空想文ですが、could に not が付いているので可能性は 0% です。what had happened は「起こったなんらかの出来事」。回想っぽく had が入っているのは、ジェーンがしたことをエドは直接見ていないから。難しい場合は had を取って考えてください。▶103p

●172 ページ ────────────────────

He whirled around and came face to face with the cat. A→ and (A)→

whirled around はすごい勢いで振り返ること。face to face with the cat は効果の付録で、振り返った先に cat がいて、顔と顔が向き合った状態でばったり出くわした感じです。

Why did you eat that pie? A→B

ここでの that pie は、目の前のパイと同時に、湖で猫が食べたジェーンの「あのパイ」。

He already knew the answer but he had to ask. A→B but A→B

後半の矢印 had は未来の予定を「持つ」という意味合いで、「ask すること」をかなり強く欲する様子を表します。▶187p のコラム

198

He bit into Jane's pie. A→

into が使われているのは、内側まで大きくパイにかぶりついたイメージを出すためです。

And there was only one person who knew that recipe. A＝B

there は明確に何かの代役ではありません。「事実はこうである」というように、おもむろに大事なことを告げる時に「There is ○○」という形で使われます。who 以下は person の化粧文。分かりにくい場合は who を消して考えてください。次行の Only one person who called him Eddie. は不完全な文で、この文の B の箱の中身を別の内容で言い換えているだけです。これも分かりにくければ、who を消して読んでください。

He saw Ed and a ferocious cat, coming straight toward him. A→B

coming straight toward him は Ed and a ferocious cat に付く化粧文です。▶94p

"Did you come here in that expensive sports car?" A→

エドがジェレミーにここに来た方法を聞いています。ただの交通手段を尋ねる場合には Did you come here by car? というように by を使うのが普通ですが、今のエドはジェレミーが持っているある特定の車を求めているため、もっと具体的な小道具である in を使っています。

●173 ページ ──────────────────────────

And my future depends on it! A→

depend は「頼る」という意味の矢印で、on が付くとそのあとに続くものに「人生がかかっている」というニュアンスになります。it はここでは色々なものの代役にとれます。もっとも直接的には「ジェレミーの車」で、もう少し間接的には「ジェレミーがその車にエドを乗せてバスを追ってくれること」。

"You stupid damn fool!" 不完全な文

本当なら "You are a stupid damn fool!"。damn は元々「貶（おとし）める」という怖い意味の矢印ですが、今ではよく使われる決まり文句です。日本語の「くそ」の使い方と極めてよく似ています。

The cat was scratching both their backs. A＝B

この back はエドとジェレミーの「背中」のことです。

●176 ページ ──────────────────────────

The car came in line with the bus. A→

in line の line はバスと真横に並ぶ line。そこに入ったということで、ジェレミーの車がバスに追い付いて、横に並んだ状態です。

Ed rolled down his window and shouted, "Jane! It's me! Open the window!" A→B and (A)→B

建物の窓を開ける時には open を使いますが、自家用車の窓は roll down することになっています。昔の車がハンドルを回して窓を開けたことに由来する言い方です。ただし、バスの窓は昔から建物の窓と同じ開け方だったので、open が使われます。It's me! の It は何かの代役になるだけでなく、何も主役にできない時の主役としても使われます。あえて何かの代役だと考えるなら、「外で叫んでいる人」の代役です。

Jane still hadn't noticed but the passengers around Jane did. A→ but A→

前半は回想文の否定。「こんなにエドががんばっているのに」というような含みが感じ取れます。後半の文が分かりにくかったら、did のあとに notice を付けてみてください。did notice について▶189p のコラム

By the time Jane noticed, the whole bus was watching them. A＝B

By the time は「現在の時間がその時間に寄り添う頃」つまり「その時には」。By the time

199

Jane noticed という時間の付録がまとめて前に押し出されています。

What on earth are you doing!? A＝B

What on earth は決まり文句です。直訳すれば「いったい地球上であなたは何をしているの!?」ですが、What のあとには大げさなものであれば、何を入れても同じです。ほかにもWhat in the world、What in heaven's name など、色々なパターンがあります。いずれもすごくびっくりしているというだけで、on earth を取れば普通の文になります。

●177 ページ ─────────────────────

Jane had liked her middle name better when she was a girl. A→B

回想文でエドが過去のことを振り返っています。better は「それよりも」という比較の言葉で、like better で「より好き」になります。もっと好きな場合は、さらに上の best を使います。英語圏の多くの人はミドルネームを持っていますが、あまり好きでない場合は隠していることもあります。

I should have realized earlier! A→

should を使った空想文ですが、回想文でもあります。「もっと早く気が付くべきだった」とエドは言っていますが、実際には気が付いていない「過去の空想」です。▶115p

It was difficult to speak but he didn't care. A＝B but A→

前半の文は本来 To speak was difficult. なのですが、少しぎこちない響きになるので、主役を代役の It にして、本来の主役を文の後ろに回しています。なぜこういったことをするかというと、To speak に長い化粧文が付いた場合を考えると分かります。To speak in the wind while his hair and sleeves were flapping was difficult. のようになると、英語圏の人でも文を読んでいる最中に意味を見失ってしまいます。この場合は It was difficult to speak in the wind while his hair and sleeves were flapping. になります。

Thirty years late, actually. 不完全な文

本当なら It was actually thirty years late. です。台詞はなかなかルール通りにはいきません。

Jeremy had stepped on the gas pedal all the way. A→

ここでの all the way はアクセルの踏み始めから踏み終わりまでの全距離です。要するに、床に着くまでジェレミーが「アクセルを踏み込んだ」ということです。

I'm not! A＝(B)

B には本来前文の a good driver が入るはずですが、省略されています。

●178 ページ ─────────────────────

Ed held out the box again as the car lined up with the bus for a second time. A→B as A→

前半の out と後半の up はそれぞれ、どのように矢印の動作を行ったかを示す効果の付録。
▶ 191pのコラム　second にはここでの「二回目」という意味のほかに「秒」という意味もあります。その場合はたいてい seconds と複数の s を付けた形で使われます。

"No!" Ed shouted, but the bus was moving away with Jane in it. A→B, but A＝B

itは「バス」の代役。バスと共に中にいるジェーンが連れ去られていく様子を表しています。

Then it hopped onto his shoulder. A→

猫がエドを踏み台に軽快に跳び回っています。なぜ on ではなく onto になるのかというと、跳ぶだけでなくどんどん目標に向けて進んでいるからです。

Right into the window of the bus. 不完全な文

前の文の最後に付くはずの場所の付録が、強調するために独立した一文になっています。ここでの Right は「右」ではなく「直接」の方の意味。

●179ページ

The bus pulled over to the side of the road and halted. A→ and (A)→
矢印に pulled を使って over を付けることで、道の傍らにバスが止まる様子を表現しています。見えない大きな手がバスをつかんで、前へ進む慣性に逆らいながら道の端へ引っ張るところを想像してください。over について ▶139p

At the same time, Jeremy hit the brakes. A→B
brake はゆっくり踏む場合は step、強く一気に踏む場合は hit です。もっと激しく踏む場合は slam というのもあります。

The car skidded to a stop behind the bus. A→
a stop で「停止状態」です。to a stop と behind the bus は両方場所の付録。

It said: A→(B)
この場合の B の箱は下のイラストの文字です。主役が人間でなくても、主張のあるものは said で表現されることがあります。パイが欠けたために、期せずして命令になったエドのメッセージは、ウィリーが言った通り stronger になっています。

"May I have a bite?" A→B
空想文の質問。

The cat remained still. A→
ここでの still は本来の意味の「静止した」です。▶185p

●180ページ

"You always made me laugh," A→BB
押し込むタイプの A → BB です。▶72p

The whole bus held its breath as Jane said nothing. A→B as A→B

held its breath は「息を止める」ですが、ここで息を止めていたのは「バス」ではなく、「バスの乗客全員」です。said nothing は「ないことを言った」で「何も言わなかった」。▶190p のコラム

It didn't matter. A→
よく使われる決まり文句です。「関係ない」転じて「どうでもいい」になります。

I would love a date! A→B
英語の love は日本語の「愛してる」よりもだいぶ日常的な単語です。like のワンランク上の「好き」の表現だと考えた方が正確かもしれません。ここではジェーンは love を使って前向きさを出しています。

I've waited thirty years. A→
I've は I have の省略。これは回想文なので、ジェーンがエドに「待ち続けていた自分の様子」を絵で見せながら語っているところを想像してみてください。

●181ページ

Jane took a long deep breath and looked at the seat next to her. A→B and (A)→
at the seat next to her はまとめてひとつの場所の付録。ジェーンの隣の席を指しています。

"Was this your idea, William?" A=B
多くの英語の名前には省略した形があります。Ed は Edward などの省略で、Willy は William などの省略です。たいていは短い方が日常で使われますが、子供が親に怒られる時などは省略しない形でよく呼ばれます。学校の先生は怒る時に Mr. や Ms. をラストネームに付けて Mr. Wishbone! と呼ぶこともあります。

"Mom? You're..." Ed said, astonished. A→B

astonished は Ed の化粧品。▶94p

"When I get home tomorrow, you're grounded." A＝B

前半の When 以下は時間の付録。get home は「家を get する」で「帰宅する」。grounded は「地に着く」という意味の矢印ですが、子供の罰として一定期間「外出禁止」にする場合の決まり文句です。

Jane, also a little confused, replied, "Yes, I am. But I'll be back by lunchtime tomorrow." A→B

コンマの面白い使い方です。文章の真ん中を区切って、そこに手前の役者の解説を入れる形で使っています。ここでは「同じく少し困惑した」という化粧文をジェーンに付けています。台詞を色分けすると "Yes, I am. But I'll be back by lunchtime tomorrow." になります。by lunchtime tomorrow は時間の付録。「その時間が横を通り過ぎる前に」という意味で by が付いています。yes について▶188p のコラム

●182 ページ ─────────────────────────────

"Meh. Old people's food. So last century." 不完全な文

すべて若者のスラングを使った台詞。Meh. はただの擬音で、「ちぇっ」のクールな言い方です。二つ目の文と三つ目の文は本来、どちらも Pies are が前に付くべきですが、省略されています。さらに三つ目の文は、本来なら役者には付かないはずの so が化粧品として使われている珍しい形です。So old. では飽き足らず、さらに大げさな言い方になっています。日本語だとさしずめ「昭和すぎる」のような表現です。▶下のコラム

猫の手　　スラングも英語

cool と韻を踏んでいる tool (道具) は cool の反対の言葉として近年よく使われています。人の道具になり下がっている「ダサいやつ」を指します。文法的にはあり得ない So tool. みたいな表現も、これを踏まえれば可能です。英語は絶えず進化しているので、文法はどこまでいってもルールではなく、読むためのガイドラインだと考えてください。

Now, I guess I have to keep mine. A→B

guess について▶244p　B の箱の中を色分けすると I have to keep mine。have to について▶187p のコラム　mine は my promise の代役ですが、ここではそれが何かは分かりません。keep について▶242p

"Shut up, Wishbone," (A)→

極めてよく使われる決まり文句です。shut は「閉じる」。ここで閉じるのは「口」なので、要は「だまれ」です。

"My seven lawyers are on their way," A＝B

their way は「彼らの (ここに来るまでの) 道」。そこに on しているということは、「ここへ向かっている」という意味です。

Jane was about to say something but the crowd started to chant: A＝B but A→B

used to ○○で「とても古い過去」を表現する文の形があります。▶192p のコラム　それに対して about to ○○で「極めて近い未来」を表現することができます。ここでは口から台詞の最初の一言が出かかっているくらいの近い未来です。

●183 ページ

No way!! 不完全な文

「道がない」と書いて、強い否定の決まり文句。それでも never に比べるとやわらかいので、こういう見知らぬ他人に向かって「だめ！」と言う時によく使われます。

But they wouldn't stop. A→

they はバスの乗客たちの代役。助手の would を使った空想文ですが、not が付いているので彼らが叫ぶのをやめる可能性はゼロです。

But you all asked for it, A→

普通に解釈すれば、you はバスの乗客、it は funny face の代役。しかし、これ全体が一種の決まり文句で「頼んだのはあんたたちだからね」という意味になり、転じて「どうなっても知らないわよ」という捨て台詞にもなります。

When her hands opened, the laughter was so loud that the bus rocked. A＝B

that the bus rocked はどのくらい loud だったかを具体的に表現する化粧文です。手前の so は強調のために使われています。

It couldn't be *that* important. A＝B

ここでの that は「そんなに」。「（今のこの状況に比べて）そんなに大事なわけはない」というエドの冷静な空想が、皮肉も込めてイタリックで強調されています。

●184 ページ

"I will bake you a pie when I grow up," A→BB

大人はほとんど助手の弱バージョンを使うので、子供でないとなかなか素直に未来を信じて will を使いません。grow は「育つ」ですが、up が付くと「成長する」になります。grow について▶241p　when 以下は時間の付録で「大人になったら」。

He lifted his head so he would look taller. A→B so A→B

ここでの look は「〜に見える」。矢印よりも≒に近い形です。▶189p のコラム　後半が空想の文になっているのは、実際に高く見えたわけではなく、あくまでエドがそう想像しているだけだからです。taller は「より高い」。

"I'm honored," the girl answered in a princess-like voice. A→B

I'm honored. は上品な「ありがとう」の言い方。princess-like は「お姫様っぽい」。どんな単語の最後にでも、-like を付けると「○○っぽい」という意味になります。

"I promise to marry you when I receive the pie." A→B

未来のことなのに空想文になっていないのは、実際の promise を行ったのがその時だったから。

And in that moment, it was true. A＝B

本来は And で手前の文にくっついているはずですが、強調するためにあえて分けて書かれています。in that moment は時間の付録で、この出来事が起きている瞬間。主役の it はものすごく遡らないと何の代役か分かりません。物語の冒頭でエドのお母さんが言った台詞──つまりこの次の文のことです。

Everything was okay. A＝B

お母さんの言葉が is から was という過去の形になっているのは、現在から振り返って「お母さんの言っていたことは本当だった」というエドの思いがこもっているためです。

203

Big Fat Cat
AND THE
LOST PROMISE

ビッグ・ファット・キャットの
英語のブックガイド

あなたの「最初の一冊」を
探すために。

初めて読む英語の本の選び方

初めて読む英語の本を選ぶのは大仕事です。
何しろその本は、この三つの条件を満たしていなければなりません。

1. 英語の難易度がちょうどいい。
2. 好きな内容である。
3. 面白い。

特に一番目の条件が厄介です。普通の雑誌やペーパーバックなどは、初めて読むには少しハードルが高すぎます。コミックなども案外読みにくいものです。そこで、英語の読み始めにおすすめなのが児童書です。

児童書というと、子供向けの本を想像してしまうかもしれませんが、海外の児童書には大人が読んでも面白いものがたくさんあります。古くは『不思議の国のアリス』『トム・ソーヤの冒険』『指輪物語（ロード・オブ・ザ・リング）』『星の王子さま』から、最近では『ハリー・ポッター』『ハンガー・ゲーム』まで、大人でも生涯ベスト10に入るような本は意外なほど多くが児童書です。

児童書は作者も出版社も、読者が成長していくことを計算しながら作っています。だから、流れのままに楽しんでいれば、自然と英語が身に付くようになっています。

★　★　★

その内容は、決して子供だましではありません。主人公がたいてい二十歳以下であることと、英語が少し簡単に書かれていることを除けば、物語の面白さは大人の本と変わりません。恋愛ものからホラーものまであらゆるジャンルの本が出版されて、毎年新しいヒット作が生まれています。しかし、たくさん選択肢があるからこそ、自分だけの「最初の一冊」を選ぶのはなかなか大変です。

★　★　★

そこで二番目の条件が大事になります。趣味やスポーツなど、馴染みのある分野についての本であれば、読みやすさは格段に上がります。主人公の性格が自分に似ているだけでも、ずいぶん読みやすくなるものです。だから最初は自分が感情移入できそうな本を選ぶことが大切です。でも何よりも重要なのは、三番目の条件です。

★　★　★

「最初の一冊」は絶対に面白い本でなければいけません。当たり前に思えるかもしれませんが、案外忘れてしまいがちなことです。というのも、最初に英語の本を選ぶ時は難易度を気にして、面白いと思うものよりも、簡単なものを選んでしまうからです。
難易度と面白さのバランスは児童書の永遠のテーマです。簡単な英語では、あまり複雑なキャラクターやストーリーを描くことができません。難易度が上がれば上がるほど、一般的に面白さも上がっていく傾向があります。でも、簡単だからといって、つまらないということはありません。限られた単語だけで面白い話を作っているものや、日記やメモのやり取り、欄外の落書きやイラストを駆使して、簡単な文章なのに深い感動を

伝える本はたくさんあります。最初はこういった本をうまく見付けることが大切です。

ついやってしまいがちなのは、読み通せるのか不安になって、あえて短い本を選んでしまうことです。たいていの本は出だしが一番難しく、ある程度読み進めた頃からだんだん読みやすくなってきます。短い本だと、そこまで行き着く前に、あるいはそうなった直後に終わってしまいます。

児童書にシリーズものが多いのは、この特性のためです。慣れたシリーズはずっと「本の後半」を読んでいるようなものです。そうなると読む速度はどんどん速くなり、気軽に楽しめるようになってきます。また、好きな作家を一人見付けて、その人の書く本のパターンをつかめば、読みやすい英語の本が大量に手に入ります。その作家の本を全部読み終わる頃には、その作家の得意なジャンルの本全部が読みやすくなります。そして、そのジャンルの本の大半を読み終わる頃には、どんな本でも読めるようになります。

今回のブックリストは、そんなあなたの「最初の一冊」になってほしいという願いを込めて、BFCのスタッフが数百冊の児童書の中から選び抜いたものです。

ブックリストには難易度を示す★印がついています。でも、難易度と一口に言っても、色々な種類があります。単純に「英語が難しい」というのがひとつですが、今回のブックリストにはそういった本はあまり含まれていません。むしろ児童書で一番難しいのは文化の違いです。

日本にも海外の文化がずいぶん浸透していますが、やはり多くの児童書の舞台となる欧米とは、まだたくさんの違いがあります。特に小学校、中学校、高校の雰囲気は日本と欧米ではかなり異なります。また、欧米の本には商品名やブランド名がそのまま登場することもあります。子供独特のスラングも出てきます。

今回のブックリストはそういった「日本でこの本を読むこと」を考慮に入れた上で、実際にBFCの日本人スタッフが一冊一冊読んで、体感的に判断した難易度になっています。ぜひ本を探す参考にしてください。

★　★　★

英語の本を難しいと感じるのは、必ずしも英語力が足りないからというわけではありません。あきらめてしまう前に、分からないところはとばして、もう少し先まで読んでみてください。あるページを過ぎると急に楽に読めるようになることもあります。

もしそれでも難しければ、その本は一旦未来の自分に譲って、たくさんあるほかの本の中から、別の一冊を選んでみてください。ぴったり相性の合う一冊が必ずどこかにあります。その一冊が見付かるまで、あきらめずに探し続けてください。

★　★　★

世界の人々は文法書や単語帳で英語を覚えているわけではありません。絵本と児童書の階段を上っていくことで、たくさんの言葉のイメージに触れて英語を覚えます。世界中でもっとも確立された英語の勉強法です。そして、何よりも楽しい方法です。

あなたの「最初の一冊」がどうか見付かりますように。

英語の児童書ってどこで手に入るの?

インターネットの書店
今は世界中の本をインターネットから手軽に購入できます。「洋書」で検索するとオンラインの書店がいっぱい出てきます。値段も現地と大差ありません。

一般の書店
ほとんどの町の書店ではISBNコードで洋書が注文可能です。ただ、取り寄せるのに多少時間がかかる場合があります。

知っておくと気が楽になる読み始めのコツ

表紙は大事な手がかり
表紙を見れば、その本の雰囲気や時代設定が一目で分かります。絵が古いものはたいてい書かれた時代も古いはずです。古い作品でも、現代で人気があるものは、今風に表紙がリニューアルされています。インターネットなどで題名を検索して、ぜひ表紙を見てみてください。

あらすじは本文より難しい
ペーパーバックは裏表紙に、ハードカバーはカバーの折り返しに、たいていあらすじが載っています。このあらすじは作者が書いているわけではなく、編集者などが書評に載ることを前提に書いているので、本文よりずっと難しくなっています。決してあらすじだけを読んで意気消沈しないようにしてください。

最初の一ページが一番難しい
同じ本でも、なぜかプロローグのような部分は本編よりも数段難しいことがあります。ほとんどの場合とばしてもだいじょうぶなので、難しいと感じたら一章までスキップして、しばらく読み進めたあと、最初に戻って読み返すのがおすすめです。

イタリックはたいていとばせる
文字が斜めになっているイタリックは強調か、心の声か、何かの引用です。ほかの作品の台詞や、有名な文句、他の言語など、色々なパターンがありますが、どれも基本的にとばせることが多いものです。

古い時代の本は読みにくい
本自体は最近書かれたものでも、古い時代を舞台にしているものは、その分、難しいと考えてください。特に一世紀以上前になると、会話の英語が今と少し違います。

電子書籍

本が送られてくるまで待っていられない
という方に便利なのが電子書籍です。
洋書の多くは電子化されているので、
タップひとつでスマートフォンや専用の
リーダーなどから手に入ります。

洋書専門店

東京や大阪などの大都市圏には近年大
型洋書店がいくつもできています。そ
んな中でも東京・新宿の「Books
Kinokuniya Tokyo」は児童書の展示
も品揃えも抜群です。

わざと難しい単語を使っている

児童書はわざと難しい単語を使ってい
る場合があります。児童書なのにこん
なに難しい単語が！ と慌てないでくだ
さい。それはその本でいくつか新しい
単語を覚えてもらうためです。絵本で
あっても、英語圏の大人も知らない単
語はよく出てきます。

続編が想定されている

近年のシリーズものは最初から続編を
想定して書かれていることが多く、一
巻はキャラクターの紹介だけで終わる
ことがあります。そういった場合、二
巻以降、物語が動き始めてからが断然
面白くなります。一巻がそんなに面白
くないのに、巻数が出ているシリーズ
はこのパターンを疑ってみてください。

イギリス版とアメリカ版

英語の本にはイギリス版とアメリカ版が
あります。イギリス英語は学校で習っ
た英語に近い素直な英語です。アメリ
カ英語には知っている単語がより多く出
てきます。最初にいいと思った本がア
メリカのものならその後もアメリカのも
のを、イギリスのものならイギリスの
ものを中心にすると読みやすくなりま
す。

電子書籍を試す

どうしても読みにくいものは、電子書
籍で読むことを検討してみてくださ
い。電子書籍リーダーにはたいてい辞
書機能が搭載されているので、タップ
しただけで単語の意味を教えてくれま
す。それでも難しい場合は翻訳版を先
に読んでから、英語で読み返すのもあ
りです。

ビッグ・ファット・キャットの おすすめブックリスト

すべての情報は2017年時点のものです

【題名】
シリーズの場合は、基本的に一作目のタイトルを表記しています。

【作者名】
作者が複数いる場合、代表で一人の名前を記載しています。

【ISBNコード】
本を探す時の参考にしてください。

【発刊年と主人公】
初版の発刊年と、主人公の設定を紹介しています。

Love That Dog　Sharon Creech　978-0064409599
（2001・犬が大好きで、詩が大嫌いな小学生男子）　　　　　　　　　　　訳 >

詩って面白いの？　そんな疑問を抱く少年が詩の魅力を発見するまでの過程を、少年自身の日記で追う物語です。「何度も改行したら詩になるんでしょ」という皮肉を込めて、詩を模したスタイルで書かれた日記が、徐々に本当の詩へと変化していく様子は圧巻です。知らないうちに詩を好きになる魅力的な一冊。邦訳『あの犬が好き』

【解説】
簡単に本の中身を解説しています。

【マーク】
訳 邦訳あり　> 続編あり　猫 猫あり
① たまに挿絵あり　② 頻繁に挿絵あり　③ ほぼ全頁に挿絵あり

【ジャンル】
本のジャンルによって背景色が塗り分けられています。色がグラデーションになっている場合はその比率を見れば、どっちのジャンルの色合いが強く出ているかが分かります。

ジャンル	説明
学園もの	児童書のメインジャンルは小学校から高校までの学園ものです。海外の学校は日本とはかなり雰囲気が違いますが、一旦学校のシステムに慣れれば、もっとも読みやすいジャンルです。
ドラマ	愉快な人間関係から、思わず号泣するものまで、子供だましではない本格派ドラマばかりです。現代の日常を舞台にしている作品が多いため、特殊な単語が出てこないのもいいところです。
ファンタジー アドベンチャー	異世界ファンタジーなどを中心とした、児童書の得意ジャンルです。名作も多いのですが、複雑な設定や造語が多く登場するため、世界観に慣れるまでしばらく時間が必要です。
ミステリー サスペンス ホラー	児童書だと思って甘くみていると、本当に度肝を抜かれる作品がたくさんあるジャンルです。たいてい特殊な世界観がからんでいるので、設定を把握するまで少し我慢して読み進めてください。
ユーモア	児童書は一般的にコミカルなのが基本ですが、ここでいう「ユーモア」は英語圏特有のナンセンスやブラックユーモアを含む、アクの強い「笑い」のジャンルです。

Big Fat Cat AND THE LOST PROMISEより少し簡単な本

Little Bear　Else Holmelund Minarik　978-0064440042
(1957・好奇心の旺盛な小熊)　　　　　　　　　　　　　　　　　　　訳 ③ > 猫

理想のお母さんのもとで暮らす、元気な小熊の毎日を描いたシリーズ第一作。挿絵を『かいじゅうたちのいるところ』でおなじみの名匠センダックが手がけていることもあって、とても雰囲気のある一冊です。単語も難しいものはほとんど出てこないため、辞書なしでも読みやすくなっています。邦訳『こぐまのくまくん』

Mr. Putter & Tabby Pour the Tea
Cynthia Rylant　978-0152009014
(1994・老紳士と仲良しの飼い猫)　　　　　　　　　　　　　　　　　　③ > 猫

独りぼっちのおじいさんパターは、イングリッシュ・マフィンを分け合える相手を探している時、シェルターにいた老猫のタビーと出会います。一人と一匹のおだやかな日常を、短い文章と愛情溢れる絵で追う、猫好きにはたまらないシリーズ。仲良しのパターとタビーは挿絵の中でもいつも一緒です。

I Want My Hat Back　Jon Klassen　978-1406338539
(2011・少しとぼけた熊)　　　　　　　　　　　　　　　　　　　　　訳 ③ >

特徴的な大阪弁訳で、日本でも人気を博しているちょっぴりダークな絵本。お気に入りの帽子をなくした熊が帽子を捜し回るだけのシンプルな物語ですが、衝撃の結末が待っています。物語の性質上、回想文がたくさん使われているため、回想文をイメージする練習に最適。声に出して読むのも楽しい一冊です。邦訳『どこいったん』

Nate the Great
Marjorie Weinman Sharmat　978-0385730174
(1972・ハードボイルド探偵っぽい九歳の少年)　　　　　　　　　　　訳 ③ > 猫

小学生なのにハードボイルドなネイトは九歳の名探偵。絵本よりも少し文字が多い程度の、簡単な英語で書かれた物語のシリーズですが、毎回ささやかなどんでん返しと謎解きがあって、ミステリーものの入門書として楽しめます。ハードボイルドが好きな人には特に笑えるパロディが満載！　二十冊以上の続編が出ています。邦訳『ぼくはめいたんてい』

All My Friends Are Dead　Avery Monsen　978-0811874557
(2010・各種生物)　　　　　　　　　　　　　　　　　　　　　　　　③ >

ブラックユーモアのきいた大人のための絵本。一ページ一行ほどしか文章はありませんが、結構難しい言葉や表現が出てきます。分からないところをとばしても、毒のあるジョークを楽しんでほしい一冊です。★ひとつのレベルではもっとも大人向き。続編はAll My Friends Are Still Dead。

Ottoline and the Yellow Cat
Chris Riddell　978-0061448805
（2007・変装の名人のお嬢様探偵と相棒の怪しい生物）

得体の知れない生き物・ミスターモンローと共に、難事件を解決するお嬢様オットラインの活躍を描くシリーズ。バカンス中の熊が地下室に住んでいるような不思議な世界観のファンタジーで、全ページに入り組んだ挿絵がちりばめられ、仕掛けもいっぱい。絵本でも、小説でも、コミックでもない新しい形の物語です。題名のイエローキャットは敵役の猫。

Big Fat Cat AND THE LOST PROMISEぐらいの読みやすい本

Catwings　Ursula K. Le Guin　978-0439551892
（1988・羽根の生えた猫の子供たち）

『ゲド戦記』の作者が描く「羽根の生えた猫たち」のファンタジー。架空の猫が主人公ですが、物語はすべての生き物に共通する「成長と巣立ち」がテーマです。全編が緻密な美しい挿絵で彩られていて、シリーズを通しての展開もあります。セットで誰かにプレゼントするにも最適な美しい児童書。邦訳『空飛び猫』

Love That Dog　Sharon Creech　978-0064409599
（2001・犬が大好きで、詩が大嫌いな小学生男子）

詩って面白いの？　そんな疑問を抱く少年が詩の魅力を発見するまでの過程を、少年自身の日記で追う物語です。「何度も改行したら詩になるんでしょ」という皮肉を込めて、詩を模したスタイルで書かれた日記が、徐々に本当の詩へと変化していく様子は圧巻です。知らないうちに詩を好きになる魅力的な一冊。邦訳『あの犬が好き』

Gooney Bird Greene　Lois Lowry　978-0544225275
（2002・お話を作るのが得意な変わり者の小二女子）

奇抜なファッションに身を包んだ少女が「お話の作り方」を教えてくれる、お話好きのための一冊。一ヶ月遅れで学校へやってきた少女、グーニー・バード・グリーンが語るお話はどれも嘘みたいだけれど、本当のようでもあって……。物語を楽しむだけでなく、アメリカの小学校の様子や、授業を体感できるのも魅力です。

The Van Gogh Cafe
Cynthia Rylant　978-0152057503
（1995・不思議なことを信じる十歳の少女）

ゴッホの絵画「夜のカフェテラス」を彷彿とさせる小さなカフェが舞台。そこは昔劇場だったためか、ほんの少しだけ魔法が残っている場所。優しいショートショートが集まって紡ぎ出されるマジカルな世界を、珈琲でも飲みながら楽しんでください。絵画を鑑賞するような、深い味わいのある作品です。邦訳『ヴァン・ゴッホ・カフェ』

214

Smile
Raina Telgemeier　978-0545132060
(2010・歯医者に何年も通い続ける思春期の少女)
前歯を折ってしまった少女が、なんとかきれいな歯を取り戻そうと悪戦苦闘する様子を描いたポップなフルカラーコミック。「歯科ドラマ」という前例のない内容にもかかわらず、心温まる物語に仕上がっている本作は、アメリカの学校の様子を学ぶ入門書としても最適です。続編は Sisters。

The One and Only Ivan
Katherine Applegate　978-0007455331
(2012・絵が描ける、囚われの優しいゴリラ)
ショッピングモール内のミニサーカスで飼われているゴリラのイバン視点で書かれた短いエッセイが、やがて大きな物語へとつながっていきます。語り手がゴリラという設定なので、文章は比較的簡単。何ひとつ手段のない檻の中のイバンが、どうやって友達の赤ちゃん象を救うのかが見物です。邦訳『世界一幸せなゴリラ、イバン』

Big Fat Cat AND THE LOST PROMISEより少し難しい本

Life on the Refrigerator Door
Alice Kuipers　978-0330456456
(2007・オシャレが大好きな十五歳の少女と看護師の母親)
冷蔵庫のドアに貼り付けられたメモのやり取りだけで構成された、切ない親子の物語。短いメモから、何が起きているのか想像しながら読んでください。リアルなメモの臨場感を楽しむためにも、英語で読むのがおすすめの作品です。邦訳『冷蔵庫のうえの人生』

Through the Woods　Emily Carroll　978-0571288656
(2014・オムニバス)
本気で怖いホラー短編を、美しいフルカラーの挿絵で描いたグラフィックノベル。児童書のジャンルに入っているものの、大人でも背筋が寒くなる内容です。ところどころに難しい文はありますが、絵を追うだけでも楽しめるので、怖いもの好きな方におすすめです。作者の公式サイトで作品を試し読みすることができます。

The Boy in the Dress
David Walliams　978-0007279043
(2008・かわいい服が大好きな中学生のサッカー少年)
サッカー少年デニスのひそかな願望はドレスを着てみること。ロアルド・ダールの後継者の呼び声高いウォリアムズの児童書デビュー作は、個性と自分らしさをテーマにした痛快なコメディ。ダールの本のイラストでおなじみのクェンティン・ブレイクが挿絵を提供しています。邦訳『ドレスを着た男子』

Stargirl　Jerry Spinelli　978-0439444439

（2000・変わった少女に恋をした十六歳の少年）　　　　　　　　　　　訳 >

ある日、高校生の少年レオの学校にやってきたのは、不思議な転校生の女の子。常識にもルールにもとらわれない少女と、その少女に恋をした少年の物語をライトなタッチで、思春期の痛みや輝きと共に描く青春小説です。ほかの児童書よりもデフォルメの少ない、等身大のアメリカの高校生の姿を知ることができます。邦訳『スターガール』

Frindle　Andrew Clements　978-0780780170

（1996・目立ちたがり屋でイタズラ者の小五男子）　　　　　　　　　訳 ①

先生への嫌がらせのために、なんでもないボールペンのことを「フリンドル」と呼び始めたニック。そのイタズラはやがて学校中に飛び火して、奇妙な現象を巻き起こします。途中、辞書の引用がイタリックで何回か出てきますが、難しければとばしてもだいじょうぶです。邦訳『合言葉はフリンドル！』

The Strange Case of Origami Yoda

Tom Angleberger　978-1419715174

（2010・ジャーナリスト気質の小六男子）　　　　　　　　　　　　訳 ③ >

愚か者で有名な男の子が作った折り紙のヨーダが、みんなの人生を変えるアドバイスを告げ始める様子を、複数の証言と小学生らしい落書きで追う物語。笑いと感動の詰まった一冊で、最後に実際の折り紙ヨーダの作り方も図解されています。邦訳『オリガミ・ヨーダの研究レポート』

The Invention of Hugo Cabret

Brian Selznick　978-1407103488

（2007・孤児で時計管理人で泥棒の十二歳の少年）　　　　　　　　　訳 ③

パリの忙しい鉄道駅に住む少年・ユゴーは父が遺した機械仕掛けの人形の謎を解くため、本好きの少女と共に夜の駅を奔走します。極めて分厚い本であるにもかかわらず、大半が見開きの挿絵という不思議な形式で、ページをめくる度に息を呑む構成は読書というよりも、まったく新しい「体験」だといえます。邦訳『ユゴーの不思議な発明』

読み応えのあるしっかりした本

Wonder　R.J. Palacio　978-0552565974

（2012・顔に障がいがある十歳の少年）　　　　　　　　　　　　　訳 >

ずっと自宅学習を続けていた少年オーガストは、五年生になって初めて学校へ行くことに。心の中は完全に「ordinary（普通）」でも、外見が人と違う少年の存在は、周囲に波紋を広げていきます。いじめや友人関係といった身近な悩みを、同級生や姉の視点を交えつつリアルに描く一作。いじめっ子視点の番外編、スピンオフ作品もあります。邦訳『ワンダー』

Kira-Kira　Cynthia Kadohata　978-0689856402

（2005・日本を知らない日系のアメリカ人少女）　　　　　　　　　　　　訳

優しく勇敢な姉リンが初めてケイティに教えてくれた言葉は、日本語の「きらきら」。深く透き通った海や空、人の瞳のきらめきを示すその言葉は、幼いケイティの世界を輝かせました。しかし差別や偏見の残る一九五〇年代のアメリカ南部で、日系人の生活は厳しく……。貧しいながらも必死に生きる一家の姿が感動を呼びます。邦訳『きらきら』

The Absolutely True Diary of a Part-Time Indian

Sherman Alexie　978-0316013697　　　　　　　　　　　　　　　訳 ③

（2007・インディアン保留地に住む十四歳の少年）

インディアン保留地の劣悪な環境を離れ、自分の未来を変えるために白人しかいない町の学校へと転校したジュニア。作者の自伝である本作には、その苦闘と成長がライトでユーモラスなタッチと、無数のイラストで描かれています。めったに見ることのできないインディアン保留地の生活描写は衝撃的です。邦訳『はみだしインディアンのホントにホントの物語』

A Monster Calls　Patrick Ness　978-0763660659

（2011・悪夢にうなされる十三歳の少年）　　　　　　　　　　　　　　訳 ③

暗い秘密を抱えた少年の部屋に毎晩モンスターがやってくる——恐るべき真実を求めて。謎と美しい挿絵に彩られた物語は息もつかせぬ展開の連続。少しずつ明かされていく少年の心の闇と、その果てにたどり着くラストは、児童書の枠をはるかに超えた感動を呼び起こします。邦訳『怪物はささやく』

The Big Splash　Jack D. Ferraiolo　978-0810997127

（2011・一匹狼の中学生男子）　　　　　　　　　　　　　　　　　　　

偽のパスや密売スナックを扱う学内犯罪シンジケートに逆らえば、社会的な「死」は免れない。そんな荒廃した中学校で一匹狼の探偵を営むマットは、学内最強と恐れられる女性ヒットマンの「死」をきっかけに「命」を狙われることになり……。ハードボイルドな文体で、犯罪小説のように書かれているにもかかわらず、舞台は中学校というコメディ・ノワールです。

 大人の本の一歩手前

I Funny: A Middle School Story　James Patterson　978-0316206921

（2012・不幸を笑いに変えようとする勇敢な中学生男子）　　　　　　　③ >

大量のイラストと痛快なストーリーでコメディアンを目指す少年の姿を描いた、コミックと小説のハイブリッドのような一冊。ハンディキャップを背負いながらも、それを笑いに変えていく主人公の強さと明るさに元気をもらえます。出てくるジョークがよく分からなくても、十分面白く読めるので、大幅にとばしてでも読んでほしい作品です。

Warriors: Into the Wild　Erin Hunter　978-0007217878

（2003・野生に憧れる飼い猫）　訳 > 猫

森に縄張りを構える四つの野良猫の群れ。その均衡が破られる時、悲しき運命から彼らを救えるのは一匹の飼い猫だけ——。過酷な野良猫の世界を描いた壮大なアクションファンタジー。「sharing tongues（舌を交わす）」など、猫特有の動きが魅力的で、独特の世界観に夢中になります。邦訳『ウォーリアーズ1 ファイヤポー、野生にかえる』

Sammy Keyes and the Hotel Thief

Wendelin Van Draanen　978-0874998764

（1998・苦労性で怖いもの知らずの中学生女子）　訳 > 猫

元気な少女サミーが町の難事件に挑む本格推理小説。全十八巻のシリーズはトリックやどんでん返しも多彩ですが、最大の見所はサミーの成長を追う人間ドラマ。すべての伏線が絡み合った最終三部作の盛り上がりはあまりにも劇的です。各巻すべてが読み切りになっていますが、順番に読んだ方が楽しめます。邦訳『少女探偵サミー・キーズとホテル泥棒』

The Fault in Our Stars　John Green　978-0141345659

（2012・恋に落ちた不治の病の若い男女）　訳

甲状腺ガンの肺への転移以来、酸素ボンベを手放せない生活を送る少女ヘイゼルはある日、小児ガンのサポートグループで骨肉腫で片足を失った少年、オーガスタスと出会います。重い病気を患っているにもかかわらず、ユーモアを失わない若者たちの明るくて悲しい、大ヒット恋愛小説。邦訳『さよならを待つふたりのために』

Heart of a Samurai　Margi Preus　978-1419702006

（2010・江戸時代の十四歳の日本人少年）　訳 ①

初めてアメリカに渡った日本人・ジョン万次郎の半生を、膨大な取材を元に米国人作家が書いた半生記。歴史物でありながら堅苦しさはなく、純粋に海の旅を味わえる冒険小説です。時代考証もしっかりしていて、日本人が読んでも違和感を覚えることはありません。航海用語が多いため、難易度は高めです。邦訳『ジョン万次郎　海を渡ったサムライ魂』

The Graveyard Book　Neil Gaiman　978-0060530945

（2008・幽霊に育てられた少年）　訳 ①

主人公は赤ん坊の頃に家族を殺され、墓地で幽霊達に育てられた少年ボッド。生者と死者、魔女に怪物、食人鬼などが登場する荒唐無稽なファンタジーをダークなイラストが彩ります。古い言い回しもあれば詩的な表現もあり、かなり難易度は高めですが、荘厳な雰囲気と英語の表現の幅を楽しめる一冊です。邦訳『墓場の少年　ノーボディ・オーエンズの奇妙な生活』

面白くて読みやすい本がいっぱいの二大作家

Roald Dahl (1916-1990)

ロアルド・ダール。世界的に有名な児童書作家。イギリス出身。

コミカルなファンタジー作品が多いため、一見、子供っぽく無害に思えますが、どの作品にも必ず少量の毒が含まれています。予想もしない結末とブラックユーモアにもかかわらず、読後感はとてもさわやかで、どこか温かみのある作品ばかりです。ほぼ全作をクェンティン・ブレイクのハチャメチャで楽しいイラストが彩っていて、読み進める助けになってくれます。

【おすすめ作品】
Fantastic Mr. Fox ★★　978-0142410349　訳③

お父さん狐が家族を守るために奮闘する、ディズニー映画のような作品。お父さん狐と意地悪な農場主との知恵比べが楽しい一冊です。

Charlie and the Chocolate Factory ★★★　978-0142410318　訳③ >

ダールの代表作のひとつ。貧しい少年が板チョコに入ったゴールデン・チケットを手にしたことから始まる、摩訶不思議なファンタジー。読んでいる間中、何度もチョコが食べたくなります。

Matilda ★★★　978-0142410370　訳③

本が好きな天才少女 vs. 意地悪先生の壮絶バトル。本好きなら特に感情移入すること請け合いです。長めのお話ですが、比較的読みやすくなっています。

Louis Sachar (1954-)

ルイス・サッカー。現代を代表する児童書作家。アメリカ出身。

現代の日常を舞台にした作品が多く、親しみやすい内容です。子供向けと思えるタイトルのものもありますが、どれも心動かされる本格的な物語になっています。色々な難易度の作品を書いているため、一番簡単な Marvin Redpost シリーズ（★）から始めて、一番難しい Holes（★★★★）までステップアップすることができる作家です。

【おすすめ作品】
Sideway Stories from Wayside School ★★　978-0380698714　訳① >

数ページの短いショートショートが集まって、大きなオチにつながっていく面白い構成の一冊。簡単な英語ながら内容は作り込まれていて、思わずにやりとすることも。

Someday Angeline ★★★　978-0380834440　① >

貧しい家庭に生まれた天才少女と、そのことに苦しむ父親との絆を描いたヒューマンドラマ。すべての人におすすめです。スピンオフ作品は Dogs Don't Tell Jokes.

Holes ★★★★　978-0440414803　訳 >

サッカーの代表作。無関係に見えるいくつもの伏線が、最終章で予想もしない形で結び付いていく、圧巻のアドベンチャーミステリー。

ノンフィクションが好きな人へ

TIME for Kids

物語よりもノンフィクションが好きな人におすすめなのが TIME for Kids シリーズ。ご存知 TIME マガジンが小学校高学年〜中学生に向けて発行している、子供向けの TIME です。この編集部が製作している本はどれも粒ぞろいですが、特におすすめなのは TIME for Kids Almanac（★★★★）。全ページフルカラーの凝りに凝ったレイアウトで、その年に起きた出来事を解説している年鑑のシリーズです。時事用語が多いため、英語の難易度は高めですが、写真や図版を眺めながら拾い読みするだけでも十分楽しめます。自然が好きな人なら、同じく毎年発売されている National Geographic Kids Almanac（★★★★）もおすすめです。

TIME for Kids シリーズでは、ほかにも TIME for Kids Grammar Rules!（★★★★）という英語の文法を子供向けに、演出いっぱい、ゲームいっぱいで解説した楽しい一冊があります。

Who Was? Books

世界のあらゆる偉人の人生を、簡単な英語で面白く解説する Who Was? シリーズも、ノンフィクション好きの方におすすめです。アインシュタインからオバマ元大統領まで、たくさんの偉人についての本が出ていますが、iPhone のクリエイターで、アップルコンピュータの創始者でもあるスティーブ・ジョブズを取り上げた Who Was Steve Jobs?（★★）がイチオシです（ちなみにまだ存命の人物の場合、タイトルが Who Is? になります）。

このシリーズには、ほかにもあらゆる「もの」や「出来事」を解説する What Was? シリーズや、様々な場所を解説する Where Is? シリーズがあって、総計百冊以上出版されています。簡単な英語で書かれていても、内容は決しておざなりではないので、大人でも十分勉強になります。

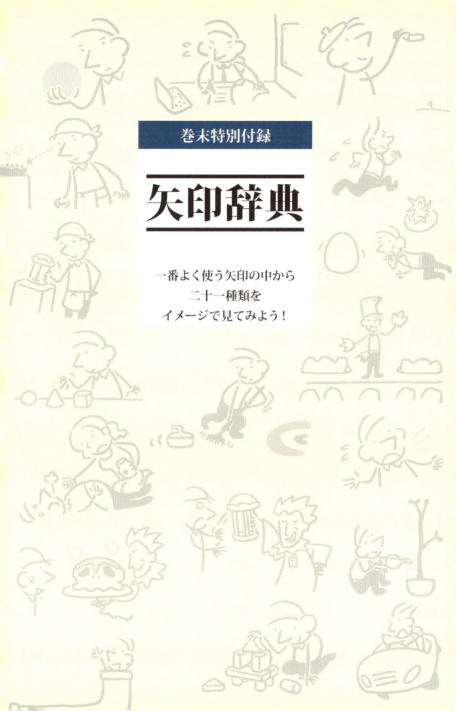

巻末特別付録

矢印辞典

一番よく使う矢印の中から
二十一種類を
イメージで見てみよう！

【注】
この辞典は現代における
一般的な単語のイメージを絵で表したもので、
語源を示すものではありません。

矢印辞典の使い方

　英和辞典で単語を引くと、書いてある意味はたいていひとつではありません。特に「矢印」になる単語の場合、無数の意味が載っていることがよくあります。例えば、run はこんな感じです。

【run】1.(移動するために)走る　2.(運動のために)走る　3. 出場する　4. 急ぐ　5. ○○に突っ込む　6. 経営する、治める　7. 提供する　8. 実施される　9. 定期運行する　10. 車に乗せて行く　11. 動く　12. エンジンをかける　13. 回る　14. 再生する　15. 放送する　16. 放送される　17. 立候補する　18. 延びている　19. 流れる　20. 水が出る　21. 鼻水を垂らす、涙を流す　22. 有効である　23. 達している　24. 調査を行う　25. 色が落ちる　26. にじむ　27. するすると動く　28. 密輸する　29. 持っている　30. ストッキングが伝線する

　これでも少ない方かもしれません。run の意味は、大きな辞書なら数ページにわたることもあります。この中から「正しい」意味を探すのは大変です。それにいちいち調べながら本を読んでいたら、疲れてしまいます。
　実は、辞書にこれだけの意味が載っているのは、この中から「正しいひとつを探し出す」ためではありません。これ全部が run という言葉の切れ端で、すべてを合わせて run なのです。全部の意味を含めた単語が日本語には存在しないため、こうして色々な訳を並べるしかないのです。逆に言えば、これほどたくさんの意味をカバーしている run は、決して日本語の「走る」と同じ言葉ではありません。
　英語の run は本来とてもシンプルな概念です。イメージにすると、こんな感じです。

　「ゴールに向けて、レールの上の何かを動かす」——これが run のイメージです。たまにちょっと変わった使い方をすることもありますが、基本的に run はすべてこのひとつのイメージで説明できます。

この「矢印辞典」では英語をイメージする手助けとして、よく使われる二十一種類の矢印をできるだけシンプルな一枚の絵にしてみました。
　それぞれの単語が持つ面白さや、変わった使い方、そしてどう変化するかも併せて掲載しています。時々、読書の気分転換に目を通してみてください。

矢印辞典の項目の見方

普通、矢印を過去のものにするには -ed を後ろに付けるだけですが、一部、特殊な形に変化するものがあります。
　例えば eat（食べる）という単語は辞書のままの形だとこうです。

The cat eats blueberry pies.

この eat を過去の形にすると、eated ではなく、ate になります。これが変形①です。

The cat ate blueberry pies.

さらに助手の have が付いた時など、特殊な条件で第二の形に変化することがあります。eat の場合は eaten になります。

The cat has eaten blueberry pies.

この形は矢印辞典の項目「変形②」に記載しています。変形が二つあるものはそんなに数はありませんが、よく使う矢印には比較的多く見られます。これは -ed を付けると、どうしても発音しにくくなったり、have のあとだと韻が悪くなったりするからで、誰かがそう決めたというよりも、長い英語の歴史の中で、自然に変化していったものです。

この違いを一覧にして覚える必要はありません。英語圏の人も、子供の頃は特殊な矢印の変化をしょっちゅう間違えます。大人になってからでも、時々勘違いすることがあります。

ぱっと見て元の形が分からないほど変形しているものはなかなかありません。もしどうしても分からなかったら、その時に辞書を引けばいいだけです。だからあまり気にせず、英語をたくさん読んでいく中で、ゆっくり自然に覚えていってください。

take

took / **taken**

積極的に何かを取る。

take はとても意思のはっきりした単語です。必ず「積極性」が必要で、なんとなく手に入れてしまった場合には get を使います。

これは get です

使用範囲はとても広くて、何かを取る時全般に使いますが、rob（奪う）、steal（盗む）のように違法性は高くありません。ただしこれは take する側からの視点で、take された側にとっては必ずしもそうではないかもしれません。相手の気持ちはあまり考えていないのが take の特徴で、少しいじめっ子っぽい印象もあります。
右の例文 **The movie took.** のように **A**→として使う場合もありますが、普通は何か **B** の箱に入る単語があります。ただ、それが分かりきっている場合には、あえて省略することで言葉のキレをよくします。

take a picture

実際に何かを取るわけでなくても、take が使われることがあります。この場合も大事なのは「積極的に」写真を撮っていることです。take a picture だと自分自身が「撮影する」ことが重要ですが、get a picture の場合は写真を誰かからもらっただけの可能性があります。

take new members

人に対して take を使う場合には、その人を「積極的に側に置く」ニュアンスが込められています。見えない手で大多数の中から相手をつかみ取る感じです。次ページの pick の場合、相手が一列に並んでいて、そこから一人を選ぶイメージです。

take revenge

「復讐を take する」と書いて、「復讐を果たす」。get revenge とも言いますが、これだと直接復讐を果たす感じは薄くなります。take には相手から何かを奪う感覚が強くあるので、revenge とは相性のいい言葉です。

The movie took.

映画がヒットしたことを意味します。この場合、積極的に take したのは「観客」です。下の take off の off が消えているとも考えられます。

take off

何かが流行することを take off と表現することがあります。一般的に飛行機の離陸時に使う言葉ですが、地面にあったものを取り上げて、大空に羽ばたかせるイメージです。

pick

picked   picked

ひとつのものを選んでつつく。

pick には明確に思い浮かべられるイメージがあります。人差し指で、いくつかのものから何かひとつを選んで、つんつんとつつくところです。
気軽に選ぶ感じがないと、pick にはなりません。もっと熟慮して選ぶ場合には select、choose などが使われます。あまり考えずに一瞬で選ぶ場合が pick です。
誰かを迎えに行くことや、何かを取りに行くことを「pick up」と言いますが、これも気軽さがないと使えません。目上の人や、遠くから来た友達を迎えに行く時は meet、greet、welcome など、もっと重たい単語を使います。
ほかにも尖ったものでつんつんとつつく動作には広く pick が用いられます。
pick はそもそもツルハシのことでもあります。正につつくための道具です。

爪楊枝は toothpick。これは文字通り「歯をつつく」ためのものです。ギターを弾くためのつめも pick と言います。

pick apples

りんごなど、果物や野菜や花を摘むことも pick で表現します。指先でつまんで取る感じと、いくつもなっている中から好みのものをひとつ選ぶ感じが、両方ともこの単語のイメージにぴったり当てはまります。

birds pick

鳥は元々クチバシが鋭く尖っているので、食べる動作を pick と表現します。鳩などが公園で地面に撒かれた餌をつついている様子などはまさに pick です。

pick a lock

「錠前を開ける」という意味ですが、鍵は使いません。尖った道具などで鍵穴をつついて開ける場合にのみ、この表現が使われます。空き巣などには欠かせない言い回しです。「ピッキング」と言われることもあります。

pick at flaws

flaws は「欠点」。誰かの欠点をねちねちと責めることをこう表現します。特定の誰かを選んでいじめることは pick on で表現されます。どちらの場合も、見えない指でつんつんとつついているイメージです。

pickpocket

ポケットを指でつつく人はどんな職業の人でしょうか。——そうです。スリです。スリの技は一瞬で財布を抜き取るものなので、pick という動作がぴったりです。

put

気軽にものを配置する。

過去になっても -ed が付くことなく、すべて同じ形というとても変わった矢印です。

ものを「取る」動作で一番気軽なのは get ですが、ものを「置く」動作で一番気軽なのが put です。もう少し丁寧に置く時は set、さらにしっかり置く時は place、その場に固定してしまう場合には次ページの fix を用います。set、place、fix には両手で行っているイメージがあるのに対して、put は片手でポンと置いたような印象です。この単語は気軽に使える分、使用範囲も広く、物理的、精神的なあらゆるシチュエーションで使うことができます。put off、put away などは拒絶する時に使う言い方ですが、「結婚を破棄する」というような重い場合ではなく、「デートを断る」程度の軽いシチュエーションで使うのが基本です。ただ、「仕事をクビになった」ような深刻な場合でも、あえて put away を使うことで「どのくらい簡単に切られたか」を皮肉として表現することがあります。

put happiness first
精神的な put の使い方の代表例です。「幸せを一番に考える」という意味になりますが、あまり重たい雰囲気はなく、put 特有の気軽な感じで「まず幸せを優先しよう」と軽やかに考えています。

put him to work
B の箱に人を入れると、その人を何かの状況にひょいと投げ込む感じになります。put him to work は「仕事をさせる」意味ですが、「就職させる」ほど大げさな感じではなく、手伝いをサボっていた子供を叱って、仕事をさせる場合などに使います。

put up with something
この言い回しは何かを「我慢する」時に使います。いやな行為などをされた時に、その行為を一旦ひょいと「気にならないところに上げる」ようにして我慢しているイメージです。

put an end to something
色々なものを put up した結果、我慢できなくなった時には put an end to します。つまり「終わりを置く」ということです。もっと重い言い方もありますが、put を使うことで「いつでも終わらせようと思えば終わらせることができた」という余裕を窺わせる表現です。

stay put
「put されたその場に stay しろ」転じて「動くな」という表現です。誰かにじっとしていてほしい時に使いますが、put の気軽さがここでは逆に命令を強くしています。

fix

fixed**fixed**

本来あるべき状態に
何かを固定する。

fix は「直す」と訳されることが多い単語ですが、実際には「本来あるべき状態に戻す」という意味です。
set、place なども何かを設置する時に使う矢印ですが、fix はその中でも「固定」の仕方が一際強いものです。
set → place → fix の順番に固定のイメージがどんどん強くなっていきます。

fix が「直す」という意味になるのは「本来の状態に固定したので、もう壊れることはない」からです。
壊れたものをただ「使えるようにする」のではなく、「本来あるべき状態にする」ことこそが fix の本質です。
同じ「直す」という意味でも、repair よりも fix の方がどこか頼りがいを感じます。そのせいか、repair は物理的なものに用いられることが多いのですが、fix は精神的なものや状況にもよく使用されます。

fix a lunch

日本語で言うなら「昼食を用意する」に近い言い方で、「昼食」には正しい形式があって、それを整えるというイメージです。複雑な料理ではなく、サンドイッチ、ポテトチップス、りんご、ミルクなどを組み合わせたような、典型的なアメリカのランチを作るのによく使われます。

fix a price

「値段を固定する」という意味です。色々と変動する価格を、検討の末、もっとも適切なものに固定するような時に使います。生鮮食品のように値段が毎日変わるものにはあまり使われません。

I am fixing to do something.

A＝B の B の箱に fix を使った場合です。言い回しで、何かをするために「決意を固めている」状態です。ここで fix しているのは自分の意志です。是が非でも何かをやる、といった時に使われる表現です。

eyes fixed on the pie

fix は視線や意識などにも使われます。何かに「fix」することは意識の照準がそこにしっかり合っているということで、揺るがない意志を表現しています。fix と似た言葉である fixate は、さらに強い執着を表します。

fix

違法なクスリを使うことをスラングで fix と呼ぶことがあります。これには「人間は本来壊れており、それをクスリで治す」という皮肉が込められています。

run

ran | **run**

ゴールに向けて、
レールの上の何かを動かす。

run で最初に出てくるイメージは人が走るところだと思います。でも、それは **A**→の、**B** の箱がない文の時に限ります。run を **A**→**B** の文で使う場合には、意味が非常に広い範囲にわたります。

run する先には何らかのゴールがあります。そして、そこまではレールのような道程が続いています。その上を何かを押して進んでいくことが run です。日本語だと「動かす」「押す」「進める」などの意味も含んでいます。

run はかなり速く、必死にがんばって走っているイメージが大事です。同じ「走る」意味の言葉には、jog、dash、sprint などもあります。これらを速さの順に並べ換えると walk → jog → run → dash → sprint となります。また、誰かと並んで走っている場合には race を使います。

これらの単語は run ほど広い意味を持っているわけではなく、run を基準として、それよりどの程度速いか、遅いかを示しているだけです。

run fast
run には基本的に「速く」走るというニュアンスがあります。しかし、「効果」の付録を付けると走る速度をコントロールできます。run fast、run slow、run very slow などです。走り方そのものが変わる場合は trot（歩くと走るの中間くらいの動き）など、別の単語を用います。

run a machine
機械を動かす時にもよく run が使われます。機械はすべて「ある特定の扱い方」があるので、それに従って「目的を達成する」というニュアンスで run がぴったり当てはまります。

run a company
会社を「経営する」ことも run に当たります。これも会社は決められた目標に向かって、一定の計画のもとに動かすものだからです。

run for president
かなり変わった run の使い方です。日本語の「立候補する」は最初に手を挙げるところのイメージですが、英語の run for president は大統領になるまでの一連の活動全部を含みます。president になるために一定の計画に基づいて動くため、このように表現されています。

running nose
「鼻水が止まらない」状態をこう言います。鼻水が勝手に走ってしまってどうにもならないイメージを想像してください。

drive

drove　　**driven**

一定の方向へ勢いよく送り出す。

driveと聞くと、「運転する」が最初に浮かびますが、車の運転以外にもdriveには驚くほどたくさんの使い方があります。runと違って、driveには「ゴール」はないのが普通です。そのため、複雑な機械を目的を持って「操縦する」時はrunやoperateの方を使います。driveで運転できるのは車だけで、飛行機はfly、船はsailするのが普通です。

ゴルフで一番よく飛ぶクラブを「ドライバー」と呼ぶように、driveは勢いのある単語です。
カタカナで「ドライブ」と書くと、景色を楽しみながらのんびり運転するイメージがありますが、英語ではひたすらまっすぐ、急いで運転する印象です。そのため、ゆっくり運転する場合には「drive around」「drive slowly」などの「効果」で意味を弱める必要があります。

drive the business

「経営する」という意味ですが、runよりも勢いよく事業を進める場合に使います。明確にゴールが見えなくても、とにかく前へ進む若者の経営者などによく当てはまります。ほかにもrun、manage、operateなども同じ意味になりますが、いずれもdriveより落ち着いた経営をしている印象があります。

drive him to despair

despairは「絶望」です。何らかの出来事によって「絶望に追いやられる」ような時に使われます。ここでもポイントは勢いです。driveが使われている場合、じわじわと落ち込んでいるわけではありません。まっすぐ一直線に絶望に向かっています。

drive a bargain

「交渉を動かす」という意味です。come to a bargainなど、交渉に関する矢印は結構ありますが、driveを使うと、力業で勢いよく商談をまとめる感じが出ます。ハンドルを握って、強引に自分が持っていきたい方向へ交渉を動かしているイメージを想像してください。

disk drive

パソコンなどに入っているディスクを動かす装置をdriveと呼びます。パソコンのディスクはすごい速度で回転しているため、その勢いはdriveでしか表現できなかったのかもしれません。物理的な動きのない、メモリーカードを読み取るだけの機械はreaderと呼ばれています。

work

worked | **worked**

何かを成し遂げるために
労力を使う。

「働く」にも「勉強する」にも当てはまる単語です。日本でも算数の問題集などを「ワーク」と呼ぶことがありますが、英語では勉強の中でも、暗記したり、計算を繰り返したりする単純なものを work と呼びます。中学生以上の、より複雑な勉強には study を使うのが一般的です。

このため、work には比較的マイナスのイメージが付きまといます。好んでやる仕事ではなく、単純労働、肉体労働に対して使うことが多い言葉です。もう少し義務感のあるものは duty。お金が儲かっている感覚が強いものは business。仕事がステータスのようになる場合には occupation と呼びます。さらに、work よりももっと強制的にやらされている感覚がある労働は labor と言います。

work on English

「英語を勉強する」という意味と同時に、「英語について努力する」というニュアンスも含んでいます。あまり楽しいイメージではありませんが、まじめにこつこつと努力を続けている印象です。たいていは英語が苦手な人が努力する場合に使います。

work dough

上記のように on が間に入らない場合、B の箱を「work させる」ことになります。dough はパンなどの「生地」のことですが、生地はこねることでどんどん変化します。でも、勝手には変化してくれないので、エドが dough を work させています。

doesn't work

work はこつこつ努力すれば成功するような仕事に使われます。そのため、doesn't work は「どうやっても機能しない」というかなり強い否定になります。機械や装置だけでなく、人間関係、仕事、計画などがうまくいかない時にも幅広く使われる言い方です。

in the works

「開発中」のものなどを指す時に使う表現です。新製品の発売前などによく目にします。the works は「あらゆる努力」という意味になります。

キワモノ Corner

work out

体から何か（体力、汗、ストレス、怠け心など）が出尽くすまで動くことで、「激しく運動する」という意味です。一般にジムなどに行ってトレーニングすることを指します。

play

played　　played

ルールの範囲内で遊ぶ。

work の逆が play です。単語そのものに「楽しむ」ニュアンスが含まれているので、やっていて楽しくないことにはあまり使われません。

しかし、「遊び」は必ず何らかのガイドラインに沿って行われるものです。スポーツやゲームには「ルール」が、音楽には「譜面」が、演劇には「脚本」があります。そのガイドラインにみんなが従っているからこそ余裕を持って遊ぶことができます。だから、ガイドラインのないことは play することができません。

play は何かしら「余裕」を持っている行動によく合う言葉です。

日本語でも、車のブレーキがきき始めるまでのゆとりの部分を「遊び」と呼んでいます。無意味な部分に思われますが、なければ危険な、不可欠な部分です。play もまた、work と同じくらい人生にとって重要な単語なのです。

play someone

誰かを操ったり、だましたりする時に使う言い方です。相手は真剣に行動しているつもりでも、こちらからはそれがplayに見えるという感じが、いかにも「相手をもてあそんでいる」感覚を与えます。

play a character

演劇の中で死ぬシーンがあっても、実際に死ぬわけではありません。だから余裕を持って「演じる」ことができます。英語では「劇」そのものも play と呼ばれています。

Wind played across the water.

play するのは何も人間ばかりとは限りません。そよ風が水面を波立たせながら通り抜けていく様子も、play で表現されます。いかにもイタズラな風が水面を遊び回っているようなイメージが伝わってきます。

play a movie

音楽や映像を「再生」するボタンにも、英語で「play」と表記されています。元々は劇場で映画や舞台劇を上演することを play と呼んだことから、上映会場が自宅のテレビや、パソコンの画面になった今も、同じ言い方が使われているものと思われます。

キワモノ Corner

foul play

実社会でのガイドラインは「法律」です。その法律を無視して play すれば、foul play になります。スポーツの用語に思えるかもしれませんが、英語では「殺人」の上品な言い方です。ミステリーによく出てきます。

show

showed **shown**

例をもって観客に示す。

なるべく目に見える形で、相手に向かって何かを示すのが show です。日本語でも「ショー」という単語がすっかり定着していますが、基本的に見世物の類はすべて「ショー」です。口で説明するだけなら次ページの tell を使います。グラフや映像を使って説明すると show になります。

show するには相手が必要です。誰もいないところで何かを見せても show にはなりません。

同じ「見せる」でも、英語には show 以外に数種類の言い方があります。相手なしで、ただ見せるためだけに置いてあるものは display。興味のある不特定多数に向けて展示するのは exhibit。見えないものを暴露するのは expose です。

show the way

「道を示す」という意味のこの表現は、道案内以外に、もう少し大きな意味でも使われます。例えば、後輩のために自らイバラの道を進んでみせる場合にも、この表現がよく当てはまります。

show someone the door

家の中を案内することを、show the house と言います。その最中にお客さんにうんざりした場合、玄関のドアに案内して帰ってもらうのがこの言い回し。「帰れ」というのを丁寧な言い方で表現したものです。

show up

非常によく使われる言い回しです。「現れる」という意味ですが、(逃げることなく) 自分を見せる」というニュアンスが含まれています。群衆の中から立ち上がって、自分の姿を見せるイメージを思い浮かべてください。使い方によっては「目立つようにする」ともとれる表現です。

show advantage

「有利な点を見せる」という言い方です。実際に「見せる」よりも、圧倒的な実力差などを発揮して、間接的に「自分の方が有利」だと示すような場合によく使われます。

show off

show off は相手が特に見たがっていないものを見せることです。日本語なら「見せびらかす」という意味になります。実力はあるけど自慢げな、ちょっと嫌味な人によく使います。

tell

told   told

理解していることを
言葉にする。

「話す」という動作を英語で表現する時には、say や speak と並んで tell がよく使われます。しかし、tell は実際に言葉を発することがない状況でも出てきます。

tell は前ページの show と一緒に使われることの多い単語です。アメリカの小学校には「show and tell」というイベントがあります。これは児童が何か興味深いものを学校に持ってきて、「みんなに show したあと、それについて詳しく tell する」というものです。

「tell できる」ということは、すなわち「それが何か分かっている」ということになります。例えば「tell the time」は「時間を知っている」という意味です。実際に誰かに tell するかどうかは問題ではなく、「tell できるくらいに分かっている」という意味で使われています。

tell the difference
「違いを説明できる」転じて「違いが分かる」という意味になります。実際に言葉にして言わなくても、それぐらい頭の中で違いが分かっていることを強調しています。これも大変よく使われる表現です。

History tells a lesson.
人間以外のものが何かを「語る」こともあります。この場合は「歴史は教訓を語る」。成功や失敗が色々な形で後世に大事な教訓を伝えていることを物語る言い回しです。

tell on someone
「告げ口する」という意味です。tell は基本的に少しマイナスのイメージを持っている単語です。tell する場合はたいてい悪い内容ですが、speak の場合は大半が良いことです。

Show, don't tell.
物語を書く時の原則として、作文の授業で教えられる標語です。出来事は「見せる」べきであって、「説明する」のは良くないという意味です。ここでも tell はいささかマイナスのイメージで使われています。

I tell you

自分の意見を強調する時に最初に使う枕言葉です。かなり上から目線で率直な言い方のため、親が子供を叱る時や、友達同士の会話くらいでしか使われません。日本語にも似た言い方で「私に言わせれば」というのがあります。

turn

| turned | turned |

曲がった先で変化する。

turn は曲がるだけではなく、曲がった先で変化するイメージです。このため turn up、turn out などのように、後ろに続く付録次第で様々な意味に変わります。「turn ＋付録」をイメージする時はくるくると回っているところを想像してください。
turn up や turn out はくるくると回ったあとに、最後にひょいと出てきた結果です。

up の方はたいてい良い結果で、out は意外な結果か、比較的悪い結果が多いです。turn in はしばらくやっていたことを提出する時、turn to は迷った末に何かに救いを求める時、turn against は味方だったものに背く時に使われます。

turned up in the attic

ずっと捜していたものが結局 attic（屋根裏）で見付かったことを表現しています。turn が使われているからには、かなりぐるぐると捜し回ったあとの結果でないといけません。

The pie turned out a failure.

試作品のパイが failure（失敗）だった時などにこう表現します。これも turn が使われているので、だいぶ色々試したあとの結果だというのが大事です。

turned a huge profit

profit は「利益」。普通に earned（得る）と表現せずに turned を使っているのは、結果が予想外だったためです。くるくる回った末に、結果的に出てきた利益は予想を上回っていた、というニュアンスです。

my turn

ゲームなどで自分の順番が回ってきたことを「自分のターン」と呼びます。これはボードゲームなどをしている時にはたいてい全員が円形に座っていて、順番が「回ってくる」からです。

turn

Bの箱を付けずに「He turned.」と言うと「裏切った」という意味になります。スパイなどが「敵に寝返る」場合の言い方です。また Jeremy turned Ed. のようにBの箱に人物が入る場合は「ジェレミーがエドを味方に変えた」という意味になり、相手を籠絡したことになります。さらに珍しい例としては、吸血鬼に血を吸われた人が吸血鬼になることも turn と表現されます。

draw

drew　　**drawn**

一定の方向へ引く。

「描く」という意味で使われがちなdrawですが、本来は「一定の方向に引く」という意味の、広く使われる単語です。

drawが「描く」になるのは、鉛筆やペンやクレヨンをある一定の方向に引いた時です。筆を使って塗る場合には、一般にpaintという単語の方を使います。「絵を描く」という矢印はほかにもillustrateがありますが、これも実際は「明るくする」という意味で、小説などに挿絵を加えて分かりやすく、華やかにすることをこう呼びます。

draw　　paint　　illustrate

drawがよく使われるのは西部劇です。銃を抜くことをdrawと言ったり、ポーカーなどのカードゲームでカードを引くことをdrawと表現したりします。

draw a line

「線を引く」というそのままの意味ですが、日本語と同じく「区別する」ことの比喩でよく使われる表現です。決闘する時に地面に線を引いたことから始まった表現かもしれません。

draw a sword

鞘から剣を抜くことをこう表現します。銃などの武器類を取り出す時にもdrawがよく用いられます。このため、drawは全体的にかっこいいイメージがあります。颯爽と、なめらかに何かを引く感じで、pullのぐいぐい引っ張る感じとはイメージが違います。

draw a number

くじ引きや抽選でよく使われる表現です。箱の中からひとつの番号を引く時に使います。pullに比べて、drawはさっと引くイメージがあります。対してpullは何らかの引っ張り返す力に対抗して引くイメージです。

draw into
うまい具合に相手を誘い込むように引きつける時にもdrawを使います。物理的に手を引くよりも、言葉巧みに相手を操って「気を引く」場合がほとんどです。

キワモノcorner
draw
引き分けのこともdrawと言います。お互いに身を引くイメージから来ているのかもしれません。

help

helped　　**helped**

目的達成のために
助けの手を差し伸べる。

help には本来の「助ける」という意味以外に、もうひとつよく使われる言い回しがあります。むしろこちらがこの言葉の主な使い方だと言ってもいいくらいです。

これは「どうしてもパイを食べることをやめられない」という意味です。正確に書くなら I can't help myself from eating pies.（パイを食べることから自分を助けることができない）となります。罪悪感がありながらも、悪いことをやめられない時によく使われる表現で、単純に I can't stop eating pies. と言うよりも「困っている」感じが出ます。そのため、言い訳によく使われます。
また「自分で自分を help できないので、できたら誰かに help してほしい」といった助けを求めるニュアンスも少し含まれています。

help out

困っている人を助ける時に使われる表現です。トラブルの中から「外へ助け出す」意味合いでこのような言い方になります。

help myself to

これはビュッフェなどで、食べ物を「自分で取る」時の言い方です。help myself は「自分で自分を助ける」といういささかへりくだった表現で、他人の代わりにやっていることを自ら喜んでしているように語る場合に使います。

Help!

英語で緊急時にたった一言を発するなら間違いなくこの単語になります。正確にはHelp me! ですが、こういう状況では少しでも省略したいので、一言になっています。

The coat helps his looks.

人以外が help する場合もあります。この例はエドの服装があまりにもひどいのを、コートが「（覆うことで）助けてくれている」という意味で help が使われています。

キワモノ Corner
I couldn't help it.
アメリカで子育てをしたことのある親なら、必ず聞いたことのある台詞です。「○○を help しようと思ったけど無理だった」転じて「どうしようもなかった」という定番の言い訳です。

try

tried   tried

成し遂げようと何かをがんばる。

日本語の「試す」が気軽に何かをやってみるのに対して、try は「ちょっとやってみる」から「死にものぐるいでやってみる」まで、非常に幅広い努力に使われます。

単独で I tried. という場合には、「ちょっとやってみた」という意味ではなく、「かなりがんばった」という主張になるのが普通です。try a shirt や try some ice cream のように具体的なものが **B** の箱に入った時には、もう少し気軽に「試着した」「試食した」という意味になりがちです。

try a shirt

try some ice cream

try は基本的に結構重い言葉ですが、状況や話し手の性格から、「どのくらいの重さで使われているか」を見極める必要があります。

try out
「徹底的にやる」という意味のかなり激しい言い方です。スポーツのチームなどの入団試験をこう呼びます。体の中からエネルギーがすべて出てしまうまで try するイメージです。

try Ed's patience
patience は直訳すると「辛抱強さ」ですが、英語では広く「理性」のような意味で用いられる言葉です。その「辛抱強さ」を試すわけですから、左のイラストのような状況です。普通はもう少し真剣な物事に使われますが。

try for murder
murder は「殺人」。裁判にかけることも try で表現されます。「罪にあたるかどうか」を法廷で試すわけです。この場合の try はかなり重い意味で使われています。

Try the door!
アクション映画などで密室に閉じ込められた時、ヒーローが相棒によくこう叫びます。「ドアを試してみろ！」の意味です。この場合はかなり一か八かの「試し」です。

Try!

I'm trying!

日本語では「がんばれ」という表現をよく耳にしますが、同じ意味の言葉は英語にはありません。「がんばれ」がジャンルに関係なく「努力しろ」という曖昧な意味なのに対して、英語で応援する場合には具体的にやっていることに hard を付けて、work hard, study hard と細分化して応援します。あえて「全体的にもっとがんばれ」と言う場合には try が一番近い言葉ですが、すでに十分 try している人には使えません。

make

made **made**

ないものを形にする。

makeはかなり色々なレベルで「ものを作る」単語です。平和条約を結ぶことを make peace と言いますが、一方で make a cake のように、ありきたりなものを作る時にも使います。
make は **B** の箱が二つある形の文でよく出てきます。make the cat a pie のように単純に「ものを作る」パターンもありますが、make the cat angry のように「その状態を作り出す」意味にもなります。

make と似た単語に create があります。make はすでに存在するものを使って何かを作る感じですが、create は何もないところから新しいものを作り出すイメージです。

make up

メークアップはカタカナでは化粧を指します。でも、英語の make up は「なくしたものの代わりを用意する」意味で、「仲直り」の時などによく使われます。多少マイナスのイメージがあり、仲直りのためなら「うそをつく」ニュアンスも含まれています。

make a bed
ベッドを作ることではありません。ベッドのシーツを取り替える作業を指します。アメリカではとても大切な家事のひとつで、早い時期から子供もお手伝いをします。

maker

make する人のことを maker と言います。create する人は creator です。日本ではメーカーは製造業者、クリエイターは創作者を指すことが多いのですが、英語ではこの二つの単語はどちらかというと、もっとはるかに大きな「神」という「作り手」を指すのが一般的です。

make of

よく分からないことから、何らかの解釈を抽出することを make of で表現します。疑問として使われることが多く、What do you make of it? で「それをどう思う?」と聞くことがあります。

make out

make out は **B** の箱が付いている場合は make out a reason（理由を作り出す）など、文字通りの意味に使われますが、**B** の箱がない場合、「イチャイチャする」という意味になります。若いカップルなどの間ではポピュラーな言い回しです。

grow

grew **grown**

多少手をかけつつも、
自然に育てる。

大事なのは「自然に」という部分です。make、keep といった単語がある程度決められた方向へ強制的に向かうのに対して、grow は自然のままに成長することを大事にします。助けるとしても、少し栄養を与える程度です。B の箱がある場合は植物などに使われますが、ない場合は子供に対してよく使われます。強制して育てるのではなく、自ら育つことが一番だと考える欧米の子育ての理念が込められています。日本語の「育てる」はどちらかというと raise に近い単語で、同じ「育てる」でも、「養育する」の意味が強くなっています。

grow tomatoes

raise tomatoes

grow a plant

もっとも典型的な grow の使い方です。水や肥料を与える程度で、植物が育っていくのを見守るイメージです。植物が枯れかけたりした時に、栄養剤を与えれば help になります。

grow a beard

ひげも grow するものです。基本的には自然に育ちますが、少しだけ手入れをして形を整えたりします。植物のような速度で、ゆっくり成長していくものに対して grow を使うのは定番です。

grow tired

tired は「疲れる」です。「疲れた状態へ育つ」として「飽きる」の意味になります。ゆっくりと自然に飽きていく情景がイメージできる表現です。ほかにも grow old（古くなる）、grow strong（強くなる）など色々な状態に使えます。

grow up

「ゆっくり変化する」表現の中でも、一番よく使われるのがこの言い方です。「上に向かって育つ」で、人が「成長する」ことです。ゆっくり身長が伸び、精神的にも大人になっていく様子を表しています。

grow on

本来はカビなどが何かの表面に「くっついて育つ」際に使う言葉ですが、人間に使う場合は、徐々に情が移っていく様子を指します。初めは嫌いなものでも、ずっと側にあると好きになってしまうことがあります。そんな風に少しずつ気持ちが育っていくところをイメージしてください。

keep

kept　　**kept**

現在のコースを保持する。

keep は何らかのものが「ある一定の方向に向かうのを保つこと」です。手助けせずに勝手に動くのを見守る場合は let を使います。

keep dancing　keep jumping

keep のあとに「別の矢印＋ing」を付けた形で様々な動作を「やり続ける」ことを表現できます。keep 単独で使われることよりもこちらの方が多いかもしれません。
keep on dancing のように間に on を入れると語呂が良くなり、さらに長くその動きを keep する印象になります。

keep on dancing

keep up
文字通り、何かを持ち上げた状態で keep することです。keep up the pace（ペースを保持する）というように、後ろから追ってくる何かに追い付かれないように状態を保つ意味も含んでいます。Keep it up! で少し強めの応援にもなります。

keep fruits fresh
食材を冷蔵庫などに保管することをこう表現します。これも B の箱が二つある文章ですが、keep には二番目の B の箱に脇役を「押し込む」パターンしかありません。

keep a secret
秘密を心の中に keep することで、転じて「秘密を守る」です。「約束する」という意味の promise よりも、こちらの方がさらに重要な秘密に思えます。

keep a diary
日々流れていく日常を書き留めるのが日記です。「日記が続いていくことを keep する」と書いて、「日記を付ける」になります。もちろん三日坊主ではこう表現することはできません。

keep it real
よく耳にするスラングです。「（理想や空想を言ってないで）現実的にいこうぜ」というニュアンスです。使う場面は極めて幅広く、「しっかりしろ」「本音でいこう」といった使い方から、ただの別れの挨拶としてまで、地に足の着いた日常でよく使われます。

mind

minded   minded

強く意識を向ける。

「気にする」「気にかける」から「覚えている」まで、とにかく「意識する」こと全般をひとつの単語で表現しているのがこの mind です。
mind はただ「気に留める」だけの場合もあれば、かなり強く何かについて意識する場合もあります。「考える」時は think を使うのが普通で、「恋心」のような感情的な意識は feel を使うことが多くなります。mind はとにかく「意識をそちらに向ける」という単純な意味合いが強く、例えば親が子供のことを、従業員がお客さんを、学生が勉強のことを意識するのに使います。

mind は暗に「集中する」という意味合いも含んでいるので、「そのことを考える」だけでは mind になりません。意識全体をそちらに向けた時に初めて mind となります。

mind your own business
邪魔をしてくる人に「かまうな」と言う時によく使われる言い回しです。「自分の仕事を気にしろ」と言っていますが、business はいわゆる職業的な「仕事」だけではなく、「やらないといけないこと」全般を指しているため、子供にも同じ表現が使われます。

mind the baby
子守りをすることも mind を使って表現します。子守りで一番大事なことはとにかく子供から「目を離さない」ことです。だから mind がしっくりくる言葉になります。

I don't mind.
誰かに「気になる？」と聞かれて「ならない」と言っているだけですが、丁寧な「はい」のような印象になるため、色々なことの肯定に使われます。この**B**の箱のない mind は、英語の決まり文句でももっともよく使われるもののひとつです。

remind
日本語には存在しない、とても便利な単語です。何かを「思い出させる」という意味ですが、忘れそうな約束事などがある時、「忘れていたら remind して」と気軽に使います。

lose your mind
日本語でも「正気を失う」という表現があります。mindは「正常な意識」です。それをなくしてしまえば、結果はこのようになります。

seem

seemed **seemed**

外から見た感じで判断する。

何かを外からの印象で「こうではないだろうか」と判断する時に seem を使います。自信のあることはずばり説明として **A＝B** で述べればいいので、はっきりと自信がないことを推測する場合に seem が適しています。seem は **A≒B**（ほぼイコール）だと考えるとイメージしやすくなります。

Jane is sad.

Jane seems sad.

seem を使って何かを語るというのは「そろりそろりと忍び足で近付きながら何かを覗き見る」ような感覚です。暗に「違うかもしれない」という疑いの気持ちも隠されています。

guess

guessed **guessed**

自信はないものの、
推測をする。

guess は話し言葉で極めてよく用いられる単語です。seem と同じく「推測」ですが、seem がほかのものを見て推測するのに対して、guess は自分の考えを推測する時に使います。
日本語では「○○だと思う」という表現をよく使います。この表現は「I think ～」と訳されがちですが、これだとニュアンスが変わってしまいます。日本語の「思う」が持っている「いささか自信のない意見を言う」感覚に近いのはむしろ guess の方です。英語での think は日本の「思う」よりも平坦な言葉で、正解率など気にせず「ただそう考えている」だけです。

I guess she is pretty.

エドが照れて「きれいだと思う」と曖昧に言っています。このように「I guess ～」という言い方をする時には、ちょっと首を傾げたり、肩をすくめたりするのが一般的です。

have

had   **had**

手の中に持つ。

日本語の「持つ」は何かを背負っている場合でも使えますが、英語の have は手でぎゅっと握り締めている印象です。また、「持つ」という日本語は必ずしも自らすすんで持っているイメージばかりではありません。欲しくないものでも、誰かのために支えたり、肩代わりする場合にも使います。しかし、英語の have は基本的に自分でしっかり持っている自覚のあるものです。持っていたくなければ手を離せばいいような場合にしか使いません。
また have は回想文の助手としても出てきます。矢印の have と助手の have は違う単語だと考えられがちですが、実際には同じ言葉です。例えば、このような回想文を見てみてください。

I have dated Jane.

この have を助手だと考えると、色分けはこうなります。

I have dated Jane.

でも、have の方が矢印だと考えることもできます。

I have dated Jane.
「dated Jane」という思い出を持っている、という文です。思い出を「持っている」から、have という助手を使った文は自然に回想になるのです。

have everything
have で持つことのできる「もの」はとてつもなく広い範囲をカバーしています。物理的なものから、精神的なもの、イベント、ステータス、状態まで何でも「持つ」ことができます。have a child（子供を授かる）、have a party（パーティーを開催する）、have a cold（風邪を引く）など、例は無限に続きます。

have to go
精神的な have の代表例です。「行かないといけない」など、言いにくいことを伝える時に「（どこかへ）行く予定を持っているから……」と have で遠回しに告げるのが定番です。have to や need to は shall と同じくらい確実な未来に使いますが、shall よりも相手に気を遣った言い方です。

I have had two slices of pies.
助手の have が「何かを持っている」という文に使われた時、ちょっと面白いことが起きます。ここでは「ジェーンはパイを二切れ食べた」ことを回想していますが、矢印も助手も have なので、一見同じ単語が並んでいるように思えます。でも、これは自然な表現です。

ビッグ・ファット・キャットの世界
~ The Wonderful World of BFC BOOKS ~

ビッグ・ファット・キャットの世界一簡単な英語の本

シリーズ最初の一冊。本作よりもさらに初歩的な英語の知識をカバーしています。エドと猫の出会いを描いた短い物語と、ホラー短編「The Red Book」などを収録。本書とセットでぜひお読みください。

ビッグ・ファット・キャットとマスタード・パイ

エドと猫の人生を追う英語の物語シリーズ第一作。エドと猫が出会った直後のお話です。各巻単独でもお楽しみいただけますが、第七作の『雪の夜』まででひとつの長い物語になっています。本文には一行ずつ日本語の解説が付き、初心者の方でも不安なく読み進めることができます。巻末には本作と別の視点から矢印を解説した「英語のおやつ」と、エドの住むエヴァーヴィルの地図も掲載。

ビッグ・ファット・キャット、街へ行く

BFC物語シリーズ第二作。巻ごとに自然に難易度が上がっていきますので、安心して読むことができます。物語ではジェレミーが初登場。巻末「英語のおやつ」ではA=Bに関する詳しい解説に加えて、ニュー・エヴァーヴィル・モールの店内案内マップが付いています。

ビッグ・ファット・キャットとゴースト・アベニュー

BFC物語シリーズ第三作。本文を色分けした別冊の三色辞典が付きます。後半部分はまるまる一冊、英語を「読みとばす技術」について。ページ欄外には物語、レシピ、パズルなど様々なコラムが登場！ 巻末には在りし日のエヴァーヴィル・シネマの記念品が展示されています。

ビッグ・ファット・キャットとマジック・パイ・ショップ

BFC物語シリーズ第四作。第三作で一区切りを迎え、物語はセカンドシーズンに突入。後半は台詞と言い回しについて、本文内の台詞をフキダシに入れて徹底解説。巻末付録にはジェレミーの経営するゾンビ・パイズのメニューをまるごと掲載！

ビッグ・ファット・キャットvs.ミスター・ジョーンズ

BFC物語シリーズ第五作。州のパイ・コンテスト会場で、お互いのすべてを賭けたエドとジェレミーの対決が始まります。後半は「翻訳」で失われるニュアンスを追ったイラスト満載のエッセイ「失われた領域を探して」。巻末には二大付録としてハページにわたるコミックと、パイ・コンテスト会場のチラシを収録！

ビッグ・ファット・キャットとフォーチュン・クッキー

BFC物語シリーズ第六作。ついにクライマックスを迎えるパイ・コンテストで、エドたちを待ち受ける衝撃のラストとは──!? 後半ではエッセイ「洋書の選び方」でBFCシリーズ読了後に読む本を一緒に探す旅へ。猫がエドに会う前の様子を描いた短い絵物語も収録。巻末には児童書を読む時に役立つ、アメリカの小学校完全解剖図も！

ビッグ・ファット・キャットと雪の夜

BFC物語シリーズ第七作。最終回スペシャルは特別にページ数を倍増し、エドと猫の物語は大団円へ向かいます。後半には五本の様々な読み切りを収録。最後に登場する短編「A GOODMAN IS HARD TO FIND」では全七冊の裏側で起こっていたもうひとつの物語を公開！　きっと一冊目からまた読み返したくなります。

ビッグ・ファット・キャットの
世界一簡単な英語の大百科事典

原作・文 ● 向山貴彦
絵・キャラクターデザイン ● たかしまてつを

文章編集・リライト ● 吉見知子
装丁・デザイン ● 幻冬舎デザイン室

DTP・レイアウト ● 中村文 (tt-office)
ブックリスト協力 ● 大島英美 (Paperweight Books)
英文校正 ● エディテージ
協力 ● 井上貴子・竹村洋司・平山けいこ
取材協力 ● 中山雅子・陽太・紗羅

企画・編集 ● 永島賞二 (幻冬舎)
監修 ● 向山淳子

製作 ● スタジオ・エトセトラ

special thanks to
江戸川区立松江図書館・こやまクリニック・スタジオ町内会のみなさま
Books Kinokuniya Tokyo・吉見イクヱ

In loving memory of
Mac Gorham
who showed us where Everville is.

英語と英文学(とビッグマック)を愛してやまなかった向山義彦にこの本を捧げる。
「英語はいつでもどこでもできる」と説き続けた、
その熱い想いがこの本を通して生き続けることを願って。

本書は英文法の教科書ではなく、あくまで「英語を読む」ことを最大の目的として作られています。
そのため、従来の英文法とはいささか異なる解釈を用いている部分があります。
これらの相違は英語を初心者に分かりやすくするため、あえて取り入れたものです。

BFC 最新情報は:スタジオ・エトセトラ公式サイト　www.studioetcetera.com
スタジオ・エトセトラ公式ツイッターアカウント　@studio_etcetera

たかしまてつを公式サイト　www.tt-web.info
幻冬舎公式サイト　www.gentosha.co.jp

〈著者紹介〉
向山貴彦　1970年アメリカ・テキサス州生まれ。フリーのクリエイター集団、スタジオ・エトセトラを設立。99年『童話物語』でデビューしベストセラーとなる。2001年、たかしまてつをと氏とともに『ビッグ・ファット・キャットの世界一簡単な英語の本』を刊行しミリオンセラーを記録。その後、同作の副読本として英語絵本「BFC BOOKS」シリーズを次々と刊行。他著に『ほたるの群れ』1〜4巻（幻冬舎文庫）がある。

たかしまてつを　1967年愛知県生まれ。画家／イラストレーター。99年ボローニャ国際絵本原画展入選、2005年「ほぼ日マンガ大賞」受賞、同年「二科展デザイン部イラストレーション部門特選賞」を受賞。01年『ビッグ・ファット・キャットの世界一簡単な英語の本』を刊行しミリオンセラーを記録。その後、同作の副読本として英語絵本「BFC BOOKS」シリーズを次々と刊行。他著に「ブタフィーヌさん」シリーズ、近著に絵本『とりがいるよ』。

ビッグ・ファット・キャットの
世界一簡単な英語の大百科事典
2017年3月15日　第1刷発行
2024年3月15日　第5刷発行

著　者　向山貴彦　たかしまてつを
発行者　見城　徹

発行所　株式会社 幻冬舎
　　　　〒151-0051 東京都渋谷区千駄ヶ谷4-9-7

電話:03(5411)6211(編集)
　　　03(5411)6222(営業)
公式HP:https://www.gentosha.co.jp/
印刷・製本所:株式会社 光邦

検印廃止

万一、落丁乱丁のある場合は送料小社負担でお取替致します。小社宛にお送り下さい。本書の一部あるいは全部を無断で複写複製することは、法律で認められた場合を除き、著作権の侵害となります。定価はカバーに表示してあります。

©TAKAHIKO MUKOYAMA, TETSUO TAKASHIMA,
GENTOSHA 2017
Printed in Japan
ISBN978-4-344-03092-3 C0095

この本に関するご意見・ご感想は、
下記アンケートフォームからお寄せください。
https://www.gentosha.co.jp/e/